Mike Mason

Das Geheimnis der Ehe

Die geistliche Dimension des gemeinsamen Lebens

R. BROCKHAUS VERLAG WUPPERTAL

Die Edition AUF:ATMEN
erscheint in Zusammenarbeit
zwischen dem R. Brockhaus Verlag Wuppertal
und dem Bundes-Verlag Witten
Herausgeber: Ulrich Eggers

Die amerikanische Originalausgabe erschien
unter dem Titel THE MYSTERY OF MARRIAGE
bei Multnomah,

Deutsch von Stephanie Dressler

Umschlag: Dietmar Reichert, Dormagen
Gesamtherstellung: Breklumer Druckerei Manfred Siegel KG
ISBN 3-417-24430-7
Bestell-Nr. 224 430

Für (wen sonst?) Karen

»Es gibt wohl viele gute und tüchtige Frauen,
aber du übertriffst sie alle!«
Sprüche 31,29

INHALT

»Wie man Eisen durch Eisen schleift,
so schleift ein Mensch den Charakter eines anderen.«
Sprüche 27,17

»Drei Dinge sind mir rätselhaft,
und auch das vierte verstehe ich nicht:
der Flug des Adlers am Himmel,
das Schleichen der Schlange über einen Felsen,
die Fahrt des Schiffes über das tiefe Meer
und die Liebe zwischen Mann und Frau.«
Sprüche 30,18-19

Prolog

Während unserer Flitterwochen hielten meine Frau und ich eines Nachmittags in der Nähe eines Trappistenklosters. Es war ein heißer Sommertag, die Luft war klar und ruhig, der Himmel von einem tiefen, verschwommenen Blau. Nichts bewegte sich. Kein Mönch war zu sehen. Wir stiegen aus dem Auto und schlenderten Hand in Hand auf das Kloster zu, und bald tauchten wir aus der heißen, blauen Klarheit des Tages in die kühle, stille Kapelle ein, wo eine innere Ruhe herrschte, die ganz anders war als die Stille draußen. Unsere Hände trennten sich, und eine Betretenheit beschlich mich, ein peinliches Gefühl. Ich vermute, dass ich mich damals fragte, was Gott eigentlich wirklich über diese Ehe dachte, auf die ich mich da eingelassen hatte.

Wir knieten nieder, um zu beten. Die Stille begann zu schreien, und im ganzen Gebäude schien das Echo ihrer Rufe widerzuhallen. In dem Schweigen überfiel mich plötzlich ein Gefühl tiefer Verwirrung. All die Fragen und Zweifel aus unserer Verlobungszeit kehrten zurück. Was bedeutete diese Ehe eigentlich?

War sie jetzt eine unumstößliche Tatsache? Wie war ich nur so weit gekommen? War es wirklich zu spät, um einen Rückzieher zu machen? Wer war diese Frau überhaupt? Konnte ich nicht einfach hier bleiben und Mönch werden? Die Stille der Kapelle schlug wie ein großer Flügel auf uns nieder, aber sie bot kein bisschen Trost.

Auf dem Weg nach draußen trafen wir den Hausvater, einen Mann, der mich kannte. Ich stellte meine Ehefrau vor und schämte mich. Sicher war es allzu offensichtlich für ihn, was für einen furchtbaren Fehler ich gemacht hatte. Wir tauschten Nettigkeiten aus und gingen dann wieder, und als wir die lange, baumgesäumte Straße hinunterfuhren, die von diesem wunderschönen Ort wegführt, fühlte ich mich so hoffnungslos in der Falle und so untröstlich niedergeschlagen wie niemals zuvor in meinem Leben.

Am Ende der Allee bogen wir auf die Hauptstraße ab, wo die Bäume aufhörten und sich Felder reifen, blonden Weizens vor uns bis in die blaue Ferne ausdehnten. Eine andere Art von Stille hatte sich auf uns herabgesenkt; weder die Stille dieses großartigen, glänzenden Tages noch die Stille der kleinen Kapelle, sondern eine unheimliche und quälende Stille zwischen meiner Frau und mir, die lauteste Stille von allen.

Plötzlich deutete sie auf einen winzigen, dunklen Punkt über dem Weizen, der weit weg war, sich aber bewegte und auf uns zukam. Wir schauten hin und erkannten bald, dass da noch ein zweiter Punkt war, und dass die zwei Punkte einander umkreisten. Gelegentlich schienen ihre Bahnen sich zu kreuzen, nur um sich dann wieder zu trennen.

»Falken«, sagte meine Frau.

»Ja, Falken«, sagte ich.

Das Paar war immer noch weit oben, aber während die Vögel auf uns zukamen, fingen sie an, in großen, gemächlichen Kurven entlang der blauen, unsichtbaren Geländer der Luft herabzusteigen. Es sah aus, als kämen sie eigens herunter, um uns eine Vorstellung zu geben. Ich parkte den Wagen, und wir stiegen aus, um zuzuschauen. Sie waren jetzt ziemlich gut zu sehen. Das Sonnenlicht goss einen weichen Widerschein um ihre ausgebreiteten Flügel. Wir konnten aufgefächerte Federn sehen, durch die an den Spitzen das Licht fiel. Kein einziges Mal bewegte einer der Vögel einen Muskel. Sie hielten sich in vollkommener Balance, gespannt und doch ruhig, abgewinkelt gegen den Himmel und gleitend, als wären sie ein Teil von ihm, wie zwei Moleküle leerer Luft, die auf einmal sichtbar werden: So drehten sie sich in langsamen und vollendeten Kreisen, die ineinander griffen und auseinander liefen wie Zahnräder, wie ein Paar Eisläufer. Der eine drehte sich im Uhrzeigersinn und der andere dagegen, und ihr Kreisen zeichnete die Stille dieses Tages in den Himmel.

Je länger wir zusahen, desto klarer wurde, dass diese Falken mit ihrem Gleitflug keinen praktischen Zweck verfolgten: Sie jagten nicht und spähten nicht nach Futter; sie waren auch nicht auf dem Weg irgendwohin. Sie spielten einfach. Sie genossen die warme Bläue des Tages, die Kraft und das Geschick ihrer Flügel, das Vergnügen zu fliegen und (vielleicht am allermeisten) das Vergnügen, zusammen zu sein. Ich weiß nicht viel über Falken, aber was ich damals zu wissen meinte und was mir besonders auffiel, war, dass ich mich nicht daran erinnern konnte, jemals zwei Falken zusammen gesehen zu haben. Wann immer ich vorher einen Falken gesehen hatte, war er allein gewesen. Deswegen sprach der schwebende Tanz dieser beiden, die den ganzen Himmel für sich alleine hatten, mich an. Er handelte nicht nur von Spiel und Freiheit an einem Sommertag, sondern von der glänzenden Schönheit der Liebe, der reinen Lust und Freude des Beisammenseins.

Wir betrachteten dieses erstaunliche Gleichnis am Himmel lange Zeit, meine Frau und ich, und als sich die großen Vögel schließlich in winzige Punkte in der goldblauen Ferne verwandelt hatten und wir wieder in unser Auto stiegen, sank noch eine andere Art von Stille auf uns hinab: die Stille vollkommenen Einverständnisses.

Dieses Buch entstand aus dem Erlebnis mit den zwei Falken, die am weit offenen Sommerhimmel bei dem Trappistenkloster an einem Tag unserer Flitterwochen spielten. Anders gesagt, es entstand aus einem tief in mir klaffenden Zwiespalt, dem Zwiespalt zwischen dem starken Bedürfnis, allein zu sein, und dem ebenso starken Bedürfnis nach Gefährtenschaft, und aus den Anfängen der Bewältigung dieses Zwiespalts. Es entstand aus der langsamen und sanften Zerstörung der falschen Vorstellung, die ich vom Eheleben hatte, und wahrscheinlich vom Leben und von der Liebe im Allgemeinen: Denn ich hatte niemals den weiten, blauen Himmel der Freiheit gesehen, vor dem eine Ehe sich abspielt. Als allein lebender Christ dachte ich von mir selbst mit der Zeit ziemlich pathetisch als »zölibatär«, während ich in Wirklichkeit eben nur ein eingefleischter Junggeselle war, der niemals darauf gekommen wäre, dass man sich in der Ehe nicht mit einer Einrichtung, sondern mit einem Menschen verheiratet, nicht mit einer Einengung, sondern mit einem unglaublichen Spektrum an Möglichkeiten. Denn ein Mensch ist als Einzelner die unbegrenzteste Einheit der Schöpfung, und wenn es irgendetwas noch unbegrenzteres und uneingeschränkteres gibt als einen Menschen, dann sind das zwei Menschen, die sich zusammentun.

Nicht jeder lebt so gern allein, wie ich es tat. Und bestimmt hat nicht jeder ernsthaft überlegt, ob er ins Kloster gehen soll, nur um plötzlich zu entdecken, dass er sich stattdessen verliebt hat und auf dem besten Wege ist zu heiraten. Aber so ging es mir mit der Ehe. Und so geht es ein Stück weit jedem mit der Ehe, glaube ich. Jeder erlebt diese Überraschung, diese Kehrtwendung des Geschicks, dieses allmähliche Herauskehren der innersten Konflikte. Nicht genug damit, sondern wie auch immer Temperament und Umstände im jeweiligen Fall geartet sein mögen, mir scheint, dass der Konflikt, den die Ehe aufdeckt, im Grunde immer der gleiche ist: Immer geht es um die Spannung zwischen dem Bedürfnis nach Abhängigkeit und nach Unabhängigkeit, zwischen dem Drang nach liebevollem Zusammenleben und Abstand, Wahrung der Privatsphäre, Selbstgenügsamkeit.

Selbst Leute, die jahrelang davon geträumt haben zu heiraten und die von sich selbst glauben, dass sie es nicht ertragen können, allein zu sein, selbst solche Menschen werden die Ehe als Einbruch in ihre Privatsphäre empfinden. Niemand war je verheiratet, ohne überrascht zu sein und normalerweise sogar davor zu erschrecken, wie ernsthaft dieser Einschnitt ist.

Und so erschrak ich auch. Von dem Augenblick an, in dem ich meine Frau traf, spürte ich, dass ein systematischer und heimtückischer Prozess inneren Zerfalls begonnen hatte. Andererseits verjüngte mich das natürlich und baute mich unglaublich auf. Aber ein dreißigjähriger Mann ist wie eine dicht bebaute Stadt: Nichts Neues kann in seinem Herzen gebaut werden, ohne dass etwas anderes dafür abgerissen wird. Also begann meine Zerstörung. Oft empfand ich ganz ernsthaft, dass alles, wofür mein Leben gestanden hatte, herausgefordert wurde, oder dass ich irgendwie dazu gebracht werden sollte, meine Seele für die Liebe einer Frau zu verkaufen!

Da stand eine Menge auf dem Spiel, als der Hochzeitstag heranrückte: Es stand eigentlich alles auf dem Spiel. Niemals vorher hatte ich von einer einzigen Entscheidung abhängig gemacht. Später entdeckte ich ganz allmählich, dass das ein Hauptmerkmal der Liebe ist: Sie will alles von dir. Nicht nur ein bisschen oder ziemlich viel, sondern alles. Und wenn jemand nicht den Eindruck hat, dass es um alles geht, dann liebt er auch nicht richtig.

Aber wie schwer ist es, alles zu geben! Es ist eigentlich unmöglich. Man kann eine symbolische Geste dafür setzen, die von einem dramatischen öffentlichen Auftritt begleitet wird (genau das passiert während der Hochzeitszeremonie). Aber das ist nur der Startschuss. Mit der Hochzeit beginnt ein lebenslanger Prozess, in dessen Verlauf man alles hergeben muss, und nicht einfach alles, was man besitzt, sondern alles, was man ist.

Niemand überlebt diesen Prozess unbeschadet. Er ist grässlich und erbarmungslos, und man kann ihm nicht standhalten. Jeder wird auf dem Rad der Liebe zumindest ein bisschen gebrochen, und dieser Bruch kann mit nichts anderem unter der Sonne verglichen werden. Man bricht nicht zusammen wie bei einem Bankrott oder bei einer Missernte oder beim Verlust der Arbeitsstelle oder beim Scheitern eines Lebenswerkes. Die Gebrochenheit der Liebe kann man auch nicht mit der eines Körpers vergleichen, den eine schmerzhafte Krankheit zugrunde richtet. Denn in der Ehe bricht sich die Liebe das eigene Genick. Dabei gibt es keine körperlichen Schmerzen oder Naturkatastrophen oder die furchtbar böse Welt »dort draußen«, die man anklagen könnte, sondern es ist die Liebe, die Liebe selbst bricht uns. Und das anzunehmen ist das Allerhärteste.

Denn im Ringkampf des Lebens ist die Liebe unser Solarplexus. Da tut es wirklich weh. Es gibt keinen Schmerz wie den, der uns genau da trifft, wo wir lieben. Und wenn irgendetwas schief geht in einer Ehe, dann ist das die Stelle, die getroffen wird. Natürlich ist das die verletzliche Stelle in allen menschlichen Beziehungen. Worum es immer und mit jedem Menschen, dem wir begegnen, geht, ist unsere Bereitschaft, zu lieben und uns lieben zu lassen. Aber während in den meisten anderen Beziehungen unsere Verletzlichkeit mehr oder weniger verborgen werden kann (und wie gut wir darin sind, sie zu verbergen!), wird in der Ehe genau diese Verletzlichkeit herausgestellt, nach außen gekehrt, ausgeschöpft. Und es wird vielen Leuten zu viel, um damit fertig zu werden. Viele geben auf und rennen weg, und ihr ganzes Leben zerfällt zu einem Trümmerhaufen. Aber selbst die, die bei der Sache bleiben, stehen vor dem Ruin, denn auch sie müssen gebrochen werden.

Es gibt aber dennoch einen wichtigen Unterschied zwischen denen, die dabeibleiben, und denen, die wegrennen, zwischen den Ehen, die halten und gut sind, und denen, die entweder zerbrechen oder aber sich in einem Zustand ungelöster Spannungen und Neurosen dahinschleppen. Beide müssen den Untergang erleiden, aber der Unterschied liegt in dem *Ort*, wo der Untergang erlebt wird.

Denn bei denen, die vor dem zu heißen Feuer der Ehe davonrennen, geschieht der Zerfall an dem Ort in ihnen, der die Liebe ist, und dieser Ort, diese herrliche, geheimnisvolle und empfindliche Fähigkeit in ihnen, empfängt eine furchtbare Wunde, die manchmal schlimm genug ist, um sie fürs Leben zu schädigen.

Aber im Fall derjenigen, die in der Liebe bleiben und mit ihr das tödliche Finish durchstehen, findet der Untergang, das innere Debakel, nicht am Ort der Liebe statt (obwohl es oft so erscheint), sondern im Palast des Ichs. Und das macht den himmelweiten Unterschied aus. Es ist eine Sache, das Ego zu zerstören. Aber es ist etwas ganz anderes, und zwar das genaue Gegenteil, mit der Seele Schiffbruch zu erleiden.

Zum Schwersten in der Ehe zählt das Gefühl, beobachtet zu werden. Es ist die ständige Überwachung, die einen wirklich mürbe machen kann, die einen ermüden kann wie ein helles Licht, das einem direkt in die Augen scheint und das unweigerlich alle Widerstände, alle Fassaden, all die altgewohnten Heucheleien und Masken der Persönlichkeit zum Bröckeln bringt.

Hört sich das jetzt an, als wäre die Ehe eine Art Martyrium, in dessen Verlauf man einer Gehirnwäsche unterzogen wird? So kann es einem auch vorkommen, mit der einzigen Ausnahme, dass der, der die Gehirnwäsche an einem vornimmt, kein schonungsloser Verfolger oder Folterer ist, sondern die Liebe. Es ist die Liebe, die uns an die Wand nagelt und Antworten von uns fordert, und zwar so lange, bis wir die Antwort geben, die die Liebe hören will.

Es kann ungeheuer anstrengend sein, sein ganzes Leben unter Beobachtung gestellt zu wissen. Für jemanden, der nicht bespitzelt werden will, macht es kaum einen Unterschied, ob der Beobachter die Liebe ist oder etwas Unheimlicheres. Diese Wachsamkeit setzt einem zu. Denn wir sind lichtundurchlässige, solide Wesen; wir sind nicht durchsichtig gemacht. Und doch verlangt die Liebe gerade danach: nach Durchsichtigkeit.

Die Ehe setzt mit dieser verwüstenden Strategie der Beobachtung zu einem heftigen und unablässigen Angriff auf die Festung des Ego an, auf den Ort in einem Menschen, der sich nach Eigenleben, Unabhängigkeit und Selbstgenügsamkeit sehnt und keine Einmischung von außen will. Nichtsdestotrotz erwartet das Paar, das diesem Sturmangriff widersteht und zusammen in Liebe reift, eine große Überraschung. Denn ganz allmählich wird es entdecken, dass die Ehe eine unvermutete Kraft besitzt, das Ego, diese eigentümliche Abgegrenztheit jeder Person, aufs Tiefste zu befriedigen, auch wenn sie sie beschneidet. Anders gesagt, die Ehe bietet das Beste aus beiden Welten: Sie befriedigt alle Bedürfnisse nach Abgeschiedenheit und Einsamkeit zusammen mit denen nach Gefährtenschaft.

Man denke zum Beispiel daran, wie das ist, mit dem oder der Geliebten zusammen zu sein: ruhig und still und doch völlig gefesselt, mit keiner anderen Absicht als eben der, beisammen und allein mit der Liebe zu sein. Man macht – banal genug – die Erfahrung, weder allein noch nicht-allein zu sein; man geht so ziemlich den Mittelweg zwischen beidem und nimmt irgendwie das Beste von beiden Erfahrungen mit. In diesem Zustand kann man völlig entspannen, aber ist sich ständig bewusst, dass man beobachtet wird. Und doch, von jemandem beobachtet zu werden, der liebt, ist nicht das Gleiche, wie von irgendjemand anderem auf der Welt beobachtet zu werden!

Nein, beobachtet und gleichzeitig geliebt zu werden, das ist nur mit einem zu vergleichen: mit der Aufmerksamkeit Gottes, mit dem Gefühl, das der Gläubige dadurch hat, dass er sein

Leben in der unsichtbaren Gegenwart des lebendigen Gottes lebt. Die beobachtende Liebe Gottes gibt einem das Gefühl, als wäre einem schon ein Strahlen gegeben, eine geistliche Elektrizität, die alle Worte und Taten umgibt und füllt. Denn plötzlich wird alles, was man ist und tut, nicht nur akzeptiert und respektiert, sondern als einzigartig bestaunt. Man wird nicht nur geschätzt, sondern als Ehrfurcht gebietend und schön behandelt. Man wird geehrt.

Indem ein Mensch so behandelt wird, wird ihm die Gelegenheit gegeben, aufzublühen wie eine Blume und vollkommen natürlich zu werden, vollkommen er oder sie selbst. Und doch stellt sich dieses wahre Selbst überraschenderweise als jemand heraus, dem man niemals zuvor begegnet ist. Man lernt jemand Neues kennen, der völlig anders als das Wesen ist, von dem man dachte: Das bin ich. Anders gesagt: Man lernt jemanden kennen, der vielleicht schon die ganze Zeit da war, der aber nun endlich durch die Gnade der Liebe genug Selbstvertrauen geschöpft hat, um aus dem Schatten herauszutreten.

Denn genau das bewirkt die Liebe: Sie bringt Menschen heraus ans Licht, egal, als wie schmerzhaft sich dieser Übergang auch erweisen mag. Die Liebe zielt auf Enthüllung hin, auf eine Klärung und Bestimmung unserer wahren Natur. Sie ist eine Art Schärfungsvorgang, ein Wegschleifen tauber und lebloser Äußerlichkeiten, so dass die scharfe, neue Kante des wahren Selbst eines Menschen anfangen kann, im Licht des Tages zu schimmern und zu glänzen.

Weder kann ein Diamant mit einer Blechsäge geschnitten werden noch kann ein Falke mit einem Schmetterling fliegen. Ein Mensch braucht Liebe, um scharf und glänzend und wirklich zu werden, das heißt, er braucht einen anderen Menschen: »Wie man Eisen durch Eisen schleift, so schleift ein Mensch den Charakter eines anderen« (Sprüche 27,17). Und das Schärfen ist ein schmerzhafter Vorgang. Entziehe der Liebe den Schmerz, und es bleibt nichts übrig.

Als ich die beiden Falken sah, nahm ich sie deshalb als Zeichen für Gottes Freude an meiner Ehe und als sein Versprechen, dass über und jenseits all der Verletztheit, der Ungewissheit, der zunehmenden Schmerzen des Schärfungsvorgangs Schauer kristallfeuriger Funken dem blauen Himmel entgegenflogen. Für mich waren es nicht nur Falken, die flogen, sondern Engel, die für meine Ehe tanzten, und jedes Verlangen danach, in einem Kloster zu sein (außer dass ich in diesem Punkt geradezu lächerlich unrealistisch war), war nichts weniger als eine Versuchung des Teufels. Diese zwei Falken waren eine Bestätigung, dass – zumindest was mich betraf – kein Gottesdienst vor dem Herrn erfreulicher oder passender war als der ehelicher Liebe, als der zweier Leben, die sich gegenseitig abbilden und darstellen in einem Bund des liebevollen Zusammenlebens.

Was mir an diesem Sommertag geschah, war einer der sanften Ausbrüche von Gnade, die der Herr so leise, so nonchalant, so augenzwinkernd in unser Leben schickt, die aber die Kraft haben, uns unsere Unmenschlichkeit ins Gesicht zu schlagen und in uns hinein ein reines, neues Herz zu setzen.

Niemals mehr würde ich eine Entschuldigung dafür haben, diesen lähmenden und wühlenden Zweifeln nachzugeben, ob Gott mich denn dazu bestimmt hatte zu heiraten oder ob er mich dazu bestimmt hatte, gerade mit dieser Frau verheiratet zu sein. Und niemals wieder würde ich an die Ehe als an etwas vom Glauben Getrenntes oder ihm Untergeordnetes denken. Wenn es wahr ist, dass ein Christ nicht über Gott nachdenken kann, ohne gleichzeitig an Jesus Christus zu denken, dann sollte es genauso wahr sein, dass ein christlicher Ehemann nicht über seine Frau nachdenken kann (oder nachdenken sollte) außer in Beziehung zu Christus und zu seinem eigenen Versprechen, dem Herrn zu folgen. So fest ist die Ehe eines Menschen an seine Liebe zu Gott geknüpft. »Ihr Männer«, lehrt Paulus, »liebt eure Frauen, wie auch Christus die Gemeinde geliebt hat« (Epheser 5,25).

Die Ehe bedeutet für Christen einen Akt des Lobpreises und des Gehorsams und ein Geschenk der Gnade, das in dieser Hinsicht genauso »geistlich« sein kann wie das, was in einem Kloster vor sich geht oder in jeder beliebigen Kirche oder auf dem Missionsfeld, und ganz genauso wichtig wie jede andere »Arbeit« der Welt (oder sogar wichtiger).

Denn nicht nur wer eine frömmlerische Sehnsucht nach dem Kloster hegt, versucht, aus dem Eheversprechen auszubüchsen! Meine Gefühle in der Trappistenkapelle waren nur ein krasses Beispiel der Versuchung, die, oft sehr viel subtiler, jede Ehe verfolgt: des Mangels an völliger Hingabe. Im Geheimen weist man die Forderungen der Ehe zurück, man zögert, auch nur ein wenig über das absolut notwendige Maß hinaus von sich zu geben. Da ist die ständige Versuchung, sich vor der vollen Intensität der Beziehung zurückzuziehen, nur mit den grundsätzlichen Notwendigkeiten auszukommen. Aber dagegen steht die ständige Herausforderung, mehr und mehr von sich selbst herzugeben, tiefer und tiefer zu schürfen und in seinem Partner ein reichlich gefülltes, vollkommenes Gefäß für die Ausschüttung von Gottes Gnade im eigenen Leben zu sehen.

Lange Zeit nach dem Erlebnis mit den zwei Falken standen meine Frau und ich auf einem Berg, der den Pazifischen Ozean überblickt, und freuten uns an einem anderen Anblick, den keiner von uns beiden jemals vorher gesehen hatte. Dieses Mal war es ein Adlerpaar. Die beiden taten, was die Falken auch getan hatten: Sie drehten sich immer wieder umeinander, träge, aber mit unaussprechlicher Eleganz, die Flügel vollkommen ruhig, die Körper kreuzförmig im Flug. Und dieses Mal sahen wir nicht auf zu diesen schönen Vögeln, sondern herunter auf ihre Rücken, denn wir standen an einem höher gelegenen Ort.

Es war ein Neujahrstag, und hinter uns lag ein Jahr nicht unerheblichen Kampfes. Aber jetzt war einmal mehr der Himmel wolkenlos und die Luft tanzte vor lauter Sonne, während der Herr seine Hände öffnete und diese zwei goldenen Vögel freiließ als weiteres Zeichen seiner großen Freude an unserer ehelichen Liebe. Die Adler waren gut 300 Meter unter uns und noch doppelt so weit über dem blauen Wasser des Pazifik, das sämtliches Gold der Sonne auffing und es glitzernd Welle um Welle vom Ende der Welt herholte. Die Luft war so klar, dass wir an diesem Tag weiter sehen konnten als vielleicht jemals vorher in unserem Leben.

Der Herr schickt niemals nur ein einziges Zeichen. Aber das Lesen seiner Zeichen ist eine Aufgabe des Glaubens, eine Aufgabe für Menschen, die beständig nach den Übereinstimmungen zwischen den äußeren und unsichtbaren Wirklichkeiten ihres Lebens suchen und immer darum ringen, beides in Einklang zu bringen, damit das Reich Gottes nahe herbeikommen kann. Denn die innere Reise ist notwendigerweise eine äußere Reise, der Weg zu Gott notwendigerweise der Weg sich vertiefender menschlicher Beziehungen. Die Ehe steht im Mittelpunkt dieser aufregenden geistlichen Dialektik.

Dieses Gelände möchte mein Buch erkunden: die dynamische Übereinstimmung zwischen der Ehe und den großen, unsichtbaren Wirklichkeiten des christlichen Glaubens. Es ist kein »Wie man's macht«-Buch, sondern vielmehr ein »Wie kommt's«-Buch, eine meditative Suche nach den geistlichen Fundamenten der Ehe.

Das Gegenüber

»Wie man Eisen durch Eisen schleift,
so schleift ein Mensch den Charakter eines anderen.«
Sprüche 27,17

Das erste Wunder

Als ich zum ersten Mal einem Freund von meinem Vorhaben erzählte, die ersten vier Worte eines Verses aus den Sprüchen zur Grundlage für ein Buch über die Ehe zu nehmen, wollte er wissen, was ich denn über die Verse zu sagen gedachte, die ihnen unmittelbar vorausgehen: »Ein zänkisches Weib und ein triefendes Dach, wenn's sehr regnet, lassen sich miteinander vergleichen: wer sie aufhalten will, der will den Wind aufhalten und will Öl mit der Hand fassen« (Sprüche 27,15-16).

Die Bibel ist so ein taktloses Buch. So grob an manchen Stellen, so unfreundlich und so wenig feinfühlig, so zutiefst unromantisch. Aber sicherlich ist die Ehe auch eine taktlose Angelegenheit, voller Peinlichkeiten und Mangel an Feingefühl, zuzeiten so unromantisch wie ein Spülstein voll dreckigen Geschirrs. Ob der Partner ein streitsüchtiges Wesen ist oder nicht, die Ehe besitzt auf jeden Fall immer ein unheimliches Geschick, mehr oder weniger »ein triefendes Dach« im gemeinsamen Leben zu verursachen. Sie besteht nicht nur aus einem sanften Schweben am wolkenlosen Himmel!

Nichtsdestotrotz wird ein treu sorgender Gatte gut daran tun, eine Beobachtung Jeremy Taylors zu bedenken: dass ein Ehemann lernen muss, »die Schwächen seiner Frau zu erdulden, denn entweder bessert er sie, indem er das tut, oder er wird selbst ein besserer Mensch«. (Diese Maxime sollten – überflüssig, es zu erwähnen – Ehemänner wie Ehefrauen gleichermaßen beherzigen!)

Trotz der überall in den Sprüchen ausgestreuten bissigen Kommentare über zänkische Frauen endet das Buch mit einer ausdauernden Lobrede auf das eheliche Glück: »Wem eine tüchtige Frau beschert ist, die ist viel edler als die köstlichsten Perlen. Ihres Mannes Herz darf sich auf sie verlassen, und es wird ihm an nichts fehlen« (Sprüche 31,10-11).

Anders gesagt, das Buch der Sprüche als Ganzes vermittelt ein Bild der Ehe, das bis heute sprichwörtlich bleibt: Es gibt auf der Welt nichts Schlimmeres als eine schlechte Ehe, und gleichzeitig nichts Besseres als eine gute.

Und das ist in mancher Hinsicht die ganze Botschaft der biblischen Theologie, denn durch die ganze Bibel hindurch wird die Ehe als würdige Metapher für die Beziehung zwischen Mensch und Gott verwendet. Paulus bezog sich – wie wir festgestellt haben – auf dieses Bild, um die liebende Gemeinschaft zwischen Christus und seiner Kirche zu beschreiben, aber auch die Propheten des Alten Testaments benutzten die Ehe als das nächstliegende und klarste Beispiel für die unverbrüchliche Liebe des Herrn für sein Volk. Und Jesus erzählte Gleichnisse, in denen ein Hochzeitsfest der symbolische Schauplatz für das Kommen von Gottes Reich wurde.

Eine gute christliche Ehe ist deshalb mehr als eine religiöse Metapher: Sie ist eine erste fassbare und sichtbare und herrliche Frucht des Reiches Gottes. Eine Hochzeit war nicht nur die Gelegenheit für Jesu erstes Wunder; nach der Schöpfung selbst war sie auch das erste Wunder Gottes: »... und er brachte sie zu ihm« (1. Mose 2,22).

Bein von Bein

Sicherlich gibt es nirgends in der Geschichte oder der Literatur eine berühmtere Begegnung zwischen zwei Menschen als das erste Zusammentreffen von Adam und Eva im Paradies. Ein wenig von dem Staunen und der Überraschung Adams beim Anblick seiner Eva finden wir in späteren schicksalhaften Begegnungen wieder.

Als der Afrikaforscher Stanley mitten in Afrika auf den verschollenen Missionar David Livingstone stieß, fand er nur, wonach er ohnehin gesucht hatte. Aber was, wenn er nicht gesucht hätte? Was, wenn keiner von beiden jemals vorher einen weißen Mann gesehen hätte? Was, wenn keiner von ihnen jemals vorher einen anderen Menschen gesehen hätte?

Oder vielleicht erinnern wir uns an Defoes Robinson Crusoe, der sich bückt, um Fußspuren auf dem Strand seiner einsamen Insel zu untersuchen, die nicht seine eigenen sind. Aber wie groß wäre wohl sein Erstaunen gewesen, wenn er nicht einen Schiffbruch überlebt hätte, sondern soeben aus der Hand des Schöpfers hervorgegangen wäre und vermutet hätte, er sei der einzige Mensch auf Erden? Oder was, wenn Freitag eine Frau statt ein Mann gewesen wäre, und Crusoe hätte niemals auch nur von der Möglichkeit geträumt, dass es ein weibliches Wesen seiner Art geben könnte?

So phantastisch solche Vorstellungen klingen mögen – sie sind doch auf elektrisierende Weise gegenwärtig in der dramatischen Genesis-Darstellung von dem allerersten Zusammentreffen zwischen Mann und Frau, der Begegnung der ersten beiden Menschen. Wir können uns nur undeutlich vorstellen, welche Gedanken bei dieser Gelegenheit durch Adams Gehirn gerast sein müssen, aber was er gesagt hat, ist uns überliefert, und das war einfach: »Das ist doch Bein von meinem Bein und Fleisch von meinem Fleisch; man wird sie Männin nennen, weil sie vom Manne genommen ist« (1. Mose 2,23). War Adam denn mehr an Sprachforschung als an Liebe interessiert oder faszinierter von Knochenkunde als von Sex? Mit seinem Kommentar kommt interessanterweise die erste echte Poesie in die Bibel, dennoch könnte er unseren modernen Ohren ziemlich prosaisch vorkommen.

Man muss sich aber daran erinnern, dass Adam diese eigenartige Bemerkung machte, nachdem er jedes andere Wesen auf der Welt angeschaut und benannt und nicht eines gesehen hatte, mit dem er sich wirklich hätte identifizieren, geschweige denn, das ihm ein passender Freund oder Partner hätte sein können. Aber beim Anblick Evas tat sein Herz einen Sprung des Wiedererkennens. Da war ein Wesen, das ihm so ähnlich wie nur irgend möglich und doch ganz anders war. Eva war sogar in zweierlei Hinsicht anders, denn sie war nicht nur eine eigenständige, von ihm getrennte Person, sondern sie war auch anders gemacht. Sogar wie sie gemacht worden war, war anders: nicht aus Staub, sondern aus Adams eigener Rippe.

Und so erkannte der Mann trotz der Unterschiede und trotz des Voneinander-Getrenntseins: Hier war ein Wesen, das anders als alles andere, auf das er schon sein Augenmerk gerichtet hatte, in dieselbe einzigartige Kategorie der Schöpfung wie er selbst fiel und ihm deshalb gleich war. Eher als ein *Alter Ego,* ein anderes Ich, war sie eine Art *Alter ID,* ein zweiter Jemand. Etwas, das zu tief in Adam lag, als dass es hätte ausgesprochen werden können, entsprach ihr, fand ein Zuhause in ihr und ein Bewusstsein von Familie. Sie war Bein von seinem Bein, und er sah, dass sie mit seinem eigenen Fleisch bedeckt war. Sie war sein eigen Fleisch und Blut.

Und das, so berichtet uns die Darstellung der Genesis weiter, ist der Anlass für die Ehe: »Darum wird ein Mann seinen Vater und seine Mutter verlassen und seiner Frau anhangen, und sie werden sein *ein* Fleisch« (1. Mose 2,24).

Warum? Wegen dieser geheimnisvollen, faszinierenden Verbindung aus Identität und Andersartigkeit. Nachdem wir so weit wie möglich alle anderen Wesen in der Welt angeschaut haben, beschenkt uns Gott vielleicht mit einem, das etwas Besonderes ist, mit einem, das eine tiefere Saite in uns anschlägt als alle anderen. Obwohl dieser Mensch uns in vielerlei wichtiger Hinsicht sehr unähnlich sein kann, gibt es da etwas in uns, das den anderen als Bein von unserem Bein und Fleisch von unserem Fleisch erkennt, mit uns verwandt auf einer viel tieferen Ebene als der Persönlichkeit. Blutsbande, eine Herzensverbundenheit in jeder Hinsicht. Es ist, als würden wir tatsächlich eine Verwandtschaft mit demjenigen entdecken, den wir lieben, und die Hochzeitszeremonie verleiht dieser Verwandtschaft nur offiziellen Charakter. Verheiratet zu sein heißt, in einem völlig fremden Menschen einen nahen und verloren geglaubten Verwandten wiederzufinden, einen echten Blutsverwandten, der uns näher ist als selbst Vater oder Mutter.

Die ursprüngliche Begegnung – einander erkennen

Wir dürfen davon ausgehen, dass wir Adam nicht nachfühlen können, wie es ist, zum ersten Mal einen anderen Menschen zu sehen, noch dazu einen vom anderen Geschlecht. Dennoch können wir es in einem bestimmten Sinne erfahren, denn etwas von ebendiesem allerersten, unvorstellbaren Staunen hat sich für uns selbst heute noch erhalten. Der einfache und bescheidene Stand der heiligen Ehe trägt es in sich.

In der Ehe erhält ein Mann die Gelegenheit, eine Frau, einen Menschen zu sehen, wie er niemals zuvor eine andere Frau oder einen anderen Menschen gesehen hat. Die Ehe bietet den tiefsten Einblick in das Herz und die Seele eines anderen Wesens, den wir jemals haben werden, und sie kann nicht überleben, ohne sich bewusst zu bemühen, die Spontaneität und Frische dieses Einblicks zu bewahren.

Und wie sehr wir uns nach solcher Frische sehnen! Ein

Schwindel erregender Vorgeschmack davon liegt bereits in der Erfahrung, sich zu verlieben, aber nur eine liebevolle Ehe gewährt den lang andauernden, tiefen und stetigen Geschmack der Frische. Weil wir insgeheim diesen verblüffenden, einzigartigen Augenblick im Garten Eden wiederholen möchten. Wir sehnen uns danach, in ehrfürchtiger Scheu voreinander zu stehen wie Adam und Eva, als sie einander zum ersten Mal mit den Augen verschlangen. Wir sehnen uns danach, dass unser ganzer Körper in der erregenden Gewissheit kribbelt: Dieses Wesen des anderen Geschlechts wurde eigens für uns geschaffen und uns vorbehaltlos gegeben zu unserer Hilfe, zu unserer Freude und unserem Trost. Männer und Frauen sehnen sich schmerzlich nach dem Herzen, mit dem sie diese Wirklichkeit erfahren können, und nach den Augen, mit denen sie einander (und daher auch sich selbst) als die unglaublichen Wunder anschauen können, die sie sind.

Darum geht es in der Ehe. Das ist die eine, zentrale Erfahrung, die sie in aller Fülle einzufangen, zu erkunden und auszuschöpfen sucht. Die Begegnung zwischen dem ersten Mann und der ersten Frau ist der archetypische Stoff, aus dem die Ehe geschaffen wurde. Die Ehe besteht aus dieser Begegnung, wie der Leib aus Fleisch besteht, und die Aufgabe der Ehe ist es, ständig zu dieser Begegnung zurückzukehren, sie wieder frisch einzufangen und sich von ihr zu nähren.

In die meisten Ehen schleicht sich früher oder später der Verdacht ein, dass die Partner vielleicht wirklich ziemlich wenig gemeinsam haben könnten, außer der einfachen Tatsache, dass sie beide menschliche Wesen sind und dass sie einander zufällig lieben (oder das zumindest einmal geglaubt haben). Es kann ein sehr großer Schock für ein Paar sein zu entdecken, wie schnell die romantische Liebe erschöpft ist, wie wenig einer den anderen wirklich kennt und versteht, wie sehr man sich von dem Menschen entfremden kann, von dem man dachte, er wäre der vertrauteste. Schon die Ahnung einer solchen Entfremdung kann genügen, um ein Paar mit Angst zu erfüllen und fürs ganze Leben zu trennen oder beide in ständige Reue darüber zu stürzen, dass sie mit ihrem Partner eine so schlechte Wahl getroffen haben: Hätten sie nicht jemand wählen können, mit dem sie mehr natürliche Gemeinsamkeiten hätten?

Und trotzdem ist dieses grundsätzliche *Getrenntsein*, dieses Gefühl, nichts gemeinsam zu haben als allein den menschlichen Leib und die ursprüngliche Anziehungskraft zwischen Mann und Frau, die eigentliche Stärke einer Ehe und die Erfahrung, zu der die Beziehung immer wieder zurückkehren muss, um sich daraus zu nähren.

Denn genau hier kann das Geheimnis der Liebe am besten wahrgenommen und erkannt werden. Das ist der Boden, auf dem die Liebe gedeiht, eine fette, schwarze, geheimnisvolle Scholle, aus der nichts anderes wachsen wird.

Wie sollte wahre Liebe wirklich erkannt werden, wenn sie nicht anders wäre als alles ihr Ähnliche, als alle anderen Arten natürlicher Anziehungskraft? Eine Ehe lebt paradoxerweise von jenen nahezu unerträglichen Zeiten, in denen es beiden Partnern vollkommen klar ist, dass nichts als reine, aufopferungsvolle Liebe sie noch zusammenhalten kann.

Natürlich hat ein Paar fast immer viel mehr gemeinsam, als beide Partner selbst vermuten. Aber die Ehe scheint manchmal radikal die Ähnlichkeiten zwischen den beiden Eheleuten zu verwischen und die Verschiedenheiten übertrieben gewichtig darzustellen (besonders die auf der oberflächlichen Ebene der Persönlichkeit oder des Temperaments).

Das geschieht, damit ein Paar einander zutiefst kennen lernen kann, auf der einzigen Ebene, auf die es wirklich ankommt: Bein von Bein, Fleisch von Fleisch. Es geschieht, damit die wunderbare Überraschung des ursprünglichen Erkennens im Garten Eden immer wieder von neuem stattfinden kann. Es geschieht, damit Eheleute in hilflosem Staunen darüber dastehen können, dass sie überhaupt zusammen sind, und damit sie wissen, dass das, was sie zusammengebracht hat und zusammenhält, völlig außerhalb ihrer selbst liegt.

Denn das ist etwas Natürliches, aber Übernatürliches, etwas, was sie selbst nicht nach Belieben kontrollieren oder hervorbringen können. Es geschieht, damit sie Gott als den Einen kennen lernen können, der in höchstem Maße *der Andere* ist, aber an den nichtsdestotrotz alle Menschen in Liebe gebunden sind. Denn auch der Herr ist durch die Fleischwerdung, auf eine Weise, die wir nie ganz begreifen werden, Bein von unserem Bein, Fleisch von unserem Fleisch, sogar so sehr, dass er uns bis ins Grab begleitet.

In Herrlichkeit leben

Die Ehe ist vor allem anderen ein Akt der Kontemplation. Sie ist eine Übung im Staunen. Das ist von Anfang an offensichtlich, von dem Augenblick an, in dem ein Mann und eine Frau sich zum ersten Mal anschauen und erkennen, dass sie sich ineinander verlieben. Alles beginnt mit einem wundersamen *Schauen,* einem hilflosen Starren, einem unwiderstehlichen Zwang, einfach hinzugucken. Denn plötzlich gibt es da so viel zu sehen! So vieles wird enthüllt, wenn ein Mensch es wagt, im Leuchten der Liebe eines anderen zu stehen. Und deshalb entsteht diese göttliche Lähmung des Einander-Anstaunens: Alles andere hört auf zu sein oder tritt zumindest in den Hintergrund, und die Liebe selbst steht in der Mitte der Bühne. Plötzlich – und es scheint das erste Mal im Leben zu sein – wird man körperlich und dreidimensional mit dem Gegenstand bekannt, der gänzlich der eigenen, uneingeschränkten Liebe und Hingabe würdig ist. Das bedeutet »sich verlieben«.

Dass die Liebe leiblich, in Fleisch gehüllt, fähig, zu gehen, zu sprechen und wiederzulieben sein soll – darauf sind wir niemals so ganz vorbereitet. Natürlich sind wir darauf angelegt, die Liebe zu erwarten und uns danach zu sehnen, dass sie auf ihre dramatische und persönliche Art in unser Leben tritt, aber das heißt nicht, dass wir nicht davon überrollt werden, wenn es tatsächlich passiert. Denn wir sind unserer Natur nach Skeptiker, und so sehr wir uns Wunder wünschen und sie sogar erwarten, so wenig glauben wir an sie. Wenn das Wunder der Liebe vor unseren Augen ausbricht, können wir nichts daran ändern, dass uns der Boden unter den Füßen schwankt, dass wir verblüfft und unfähig zu jeder weiteren Handlung oder Antwort sind außer der Liebe: betrachten, anstaunen, nachsinnen, lieben.

Wenn dies zwischen einem Mann und einer Frau geschieht, werden die beiden danach für alle Zeiten zu dieser Situation zurückkehren müssen, in der sie auch nicht das Geringste zu tun haben, als einander auf wundersame Art in die Augen zu schauen und das Geheimnis ihrer Liebe hilflos zu betrachten. Denn die Ehe lässt sich am einfachsten definieren als das Nachsinnen über Gottes Liebe in der und durch die Form eines anderen Menschen. Sie ist die geradezu magische Faszination, dass etwas so sehr Geistliches in solch purer Fleischlichkeit auftreten kann. Ohne diese Beschäftigung – die in Wirklichkeit gar keine Beschäftigung ist, sondern eine himmlische Spannung, ein einfaches Schauen in die Tiefen der Liebe – werden alle anderen Bewegungen und Pflichten und Aktivitäten einer Ehe leer sein. Wenn eine Ehe das verliert, wenn sie die Kraft verliert, zwei Menschen in ihren Bahnen innehalten zu lassen und sie in die Ruhe des liebenden Nachsinnens zurückzuführen, wenn die einfache Liebe um ihrer selbst willen nicht mehr die Mitte der Bühne besetzt, dann verliert eine Ehe ihr Herz. Dieses Einfachste und Offensichtlichste zu verlieren heißt, alles zu verlieren.

Verheiratet sein bedeutet: in Herrlichkeit leben. Es bedeutet, mit einer verkörperten Offenbarung zu leben, mit einer täglichen Enthüllung und Entfaltung des Geheimnisses der Liebe, so, dass unsere drängende und dennoch schüchterne Neugier nach diesen Dingen ständig befriedigt und gefüttert wird, ohne je satt zu werden. Es bedeutet, mit einem Geheimnis zu leben, das gänzlich sichtbar ist, mit einem Menschen aus Fleisch und Blut, der berührt und umarmt werden kann, gefragt und erprobt und untersucht und mit dem sogar nach Herzenslust geschlafen werden kann, und der sich nichtsdestotrotz als zutiefst unerforschlich und geheimnisvoll erweist, ein Gegenstand nicht endender Kontemplation.

Da sein

Eine Ehe oder einen Ehepartner kann man mit einem großen Baum vergleichen, der in der Mitte des eigenen Wohnzimmers wächst. Etwas, das einfach da ist und riesig ist, und alles wurde um es herum gebaut, und wo auch immer man gerade hingeht – zum Kühlschrank, ins Bett, ins Badezimmer oder zur Haustür hinaus –, der Baum muss dabei berücksichtigt werden. Man kann nicht einfach hindurchgehen; man muss respektvoll darum herumgehen. Er ist viel größer und stärker als man selbst. Sicher, er könnte abgehackt werden, aber nicht ohne das Haus dabei abzureißen. Und sicher ist er schön, einzigartig, exotisch; aber genauso, seien wir ehrlich, ist er zuzeiten eine riesige Unannehmlichkeit.

Es gibt viele Dinge, die man über einen Lebensgefährten sagen kann, aber schließlich, unwiderruflich, gibt es eins, das gesagt werden muss: Er oder sie ist immer *da*. Das ist zwar in der Welt der Bäume gewöhnlicherweise so, unter uns Menschen aber ist es ein ziemlich bemerkenswerter Zustand.

Die Ehe erinnert uns aufs Dauerhafteste und Unausweichlichste an die Gegenwart anderer Menschen in der Welt: dass sie da sind, dass sie wirklich sind und dass sie völlig anders sind als die Phantasiegestalten, die normalerweise unsere Gedanken und Vorstellungen bevölkern. Verheiratet zu sein heißt, sich jeden Tag gründlich mit dem Geheimnis des Lebens konfrontiert zu sehen, anderen Lebens, Lebens außerhalb von uns selbst. Und zwar nicht des Lebens, das der Existentialismus oder die Metaphysik oder der Zen-Buddhismus meinen. Sondern einfach des Lebens, wie man es niemals zuvor gesehen hat, so nah, wie man nie glaubte herankommen zu können. Der oder die Geliebte ist einfach *da*, auf eine Art, wie kein anderes lebendiges Wesen der Welt außer einem selbst je *da* war. Nicht einmal Eltern können sich so ins Leben eines Erwachsenen einmischen und sich aufdrängen wie ein Ehegatte, und es kann eine ziemliche Überraschung sein, dass man, trotz allem, nicht allein ist. Nachts, morgens, nackt, beim Essen, im Bad und im Bett, der Partner ist immer da, körperlich oder geistig, anwesend im Hinterkopf oder tief im Herzen.

Obwohl das tägliche Eheleben so natürlich und fast so automatisch wie das Atmen erscheinen mag, gewöhnen sich in anderer Hinsicht die Partner niemals wirklich aneinander, nicht so, wie sie ans Atmen gewöhnt sind. So eingefahren, so öde, so monoton eine Ehe auch werden kann, gibt es dennoch immer etwas an ihr, das sich sträubt, als selbstverständlich hingenommen zu werden. Der ganze gemeinsame Verlauf des Lebens eines Paares ist unvermeidlich von der gleichen seltsamen Verbindung aus vollkommener Natürlichkeit und vollkommener Scheu geprägt, die ihren ersten Liebesakt kennzeichnete: von einer seltsamen Verbindung aus Einssein und äußerster Fremdheit.

Auf lange Sicht ist das Unheimlichste an der Ehe nicht, dass man sich zunehmend als Einheit empfindet oder sich immer wohler fühlt mit der beeindruckend konkreten Wirklichkeit dieser anderen Präsenz im eigenen Leben. Das Unheimlichste ist so ziemlich das Gegenteil: das wachsende Gefühl von Fremdheit. Während die Jahre vorbeiziehen, wird lediglich das Verwirrspiel der Zeit zum ursprünglichen Rätsel der Liebe hinzugefügt. Zehn Jahre, dreißig Jahre, fünfzig – es wird immer unlösbarer. Es ist einfach so etwas unantastbar Geheimnisvolles daran, seine Tage in ständiger Tuchfühlung unter demselben Dach mit einem anderen Wesen zu verbringen, das immer, egal, wie nah man es schafft, aneinander heranzukommen, im Wesentlichen ein Fremder bleibt.

Du kennst diesen Menschen besser, als du jemals irgendjemand anderen gekannt hast, und trotzdem fragst du dich oft, ob du ihn überhaupt kennst. Das Gefühl der Fremdheit wird fast größer mit der Tiefe und Sicherheit der Umarmung des Geliebten. Was ist das für ein unbekannter, unerreichbarer Ort im innersten Herzen des Menschen, den wir lieben? Wahrscheinlich ist es der Ort unserer eigenen Zugehörigkeit zu Gott. Denn eine der tiefgreifendsten Möglichkeiten, wie der Herr uns berührt und uns sich und sein eigenes, wesentliches *Anderssein* erfahren lässt, besteht in den Grenzen, die er unseren Beziehungen untereinander auferlegt hat.

Eine enorme Quelle für menschliche Frustration liegt eben darin, dass unser Bedürfnis nach Vertrautheit bei weitem das Maß übersteigt, zu dem andere Menschen sie uns gewähren können. Zunächst ist das, was uns auseinander hält, natürlich unsere Sünde, aber es gibt da noch einen anderen Faktor, und der ist, dass in jedem von uns der heiligste, bedürftigste und empfindlichste Ort allein für Gott geschaffen und vorgemerkt wurde, so dass nur er dort einkehren kann. Niemand sonst kann uns lieben wie er, und niemand kann ein so guter Freund für uns sein wie er.

Indem er eine Beziehung mit uns aufbaut, die sehr viel tiefer ist als alles, was wir möglicherweise unter Menschen erfahren können, regt uns Gott an und fordert uns heraus, nach genau der gleichen göttlichen Tiefe in all unseren menschlichen Freundschaften zu suchen. Wüssten wir nicht tief in unseren Herzen auf intuitive Weise von Gott, so könnten wir überhaupt nicht wissen, was eine tiefe Beziehung eigentlich ist, und würden sie auf menschlicher Ebene niemals vermissen oder uns nach ihr sehnen. Und daher kann paradoxerweise durchaus die Distanz zu dem Menschen, den wir am meisten lieben, das Maß für die überwältigende Nähe Gottes sein.

Aus unserem Innersten heraus

Solche Nähe haben wir uns nicht selbst ausgesucht, wir würden es auch gar nicht können, genauso wenig, wie wir wählen können, ob wir leben wollen oder nicht. In solche Entscheidungen können wir aber hineinwachsen, und in gewisser Hinsicht werden sie mehr und mehr unsere eigenen Entscheidungen, je älter wir werden.

Zu heiraten ist einer der großen Schritte in die Richtung, etwas zu wählen, was uns in Wirklichkeit schon vorher geschenkt wurde: Man wählt Gottes Nähe in der Gestalt einer engen Beziehung zu einem anderen Menschen. Es ist eine bewusste Entscheidung für Nähe und gegen Distanz, für Gefährtenschaft und gegen Abgeschiedenheit, für Beziehung und gegen Isolation, für die Liebe und gegen die Apathie, für das Leben und gegen den Tod. Es ist keine Entscheidung, die leicht und natürlich für uns wäre. Sie kann nur von Gott, von seiner Liebesvermittlung herbeigeführt werden. Denn die Liebe ist es, die eine Wahl erst möglich macht. Und darüber hinaus ist sie es, die es Menschen möglich macht, das zu wählen, was gut für sie ist, obwohl das nicht ihrer natürlichen Neigung entspricht.

Dass die natürliche menschliche Neigung nicht in Richtung des Guten oder der Liebe oder der Tiefe von Beziehungen geht, ist eine Tatsache, die absolut grundlegend für ein angemessenes Verständnis der Ehe ist. Denn wenn die Ehe als das große Wunder der Gnade gesehen werden soll, das sie ist, muss vor allem klar sein, wie sehr sie der gefallenen menschlichen Natur zuwiderläuft.

Gibt es Probleme in der Ehe? Jedes Einzelne davon entspringt daraus, dass die Partner, wie unterbewusst oder verstohlen auch immer, versuchen, eine Entscheidung zu verweigern, die sie längst getroffen haben; eine Entscheidung, zu der die Liebe und nur die Liebe sie gebracht hat.

Die Liebe überredet und verleitet uns zu einer Entscheidung, die so radikal ist, dass wir sie niemals auch nur für einen Augenblick in Betracht gezogen hätten, wenn wir uns selbst überlassen gewesen wären. Denn es ist sehr viel ungewöhnlicher, wenn zwei Menschen tatsächlich in Liebe ein Leben lang zusammenleben, als wenn sie es nicht tun. Wie das Leben selbst verlangt dies eine Entscheidung, die so umwerfend ist, dass sie in Wirklichkeit gar nicht getroffen werden kann: Man kann nur in sie hineinwachsen, im besten Falle, indem man mit immer geringerem Zögern in sie einwilligt.

Einfach ausgedrückt ist die Ehe eine Beziehung, die uns weit mehr fesselt, als wir das möchten. Sie stellt sich nie nur als das heraus, womit wir gerechnet hatten. Sie ist beunruhigend intensiv, sie betrifft einen direkt auf geradezu störende Weise, und genau dazu wurde sie auch gemacht. Sie soll fast zu viel für uns sein, um damit fertig zu werden. Sie ist als lebenslange Begegnung gemeint, die gründlicher und fordernder als alles sein soll, was Menschen jemals wählen, erträumen, sich wünschen oder selbst erfinden könnten. Schließlich ziehen wir es vor, nicht einmal mit unseren nächsten Freunden solche weit reichenden Begegnungen zu erleben. Nur die Ehe zwingt uns in diese tiefen und unbekannten Wasser. Denn das ist die Absicht, die dahinter steht: Wir sollen aus unserem Innersten herausgelockt werden, heraus aus der Oberflächlichkeit unserer eigenen sicheren Egozentrik und hinein in die gefährlichen und unvorhersehbaren Tiefen einer echten zwischenmenschlichen Begegnung.

Das ist es übrigens auch, was wahrer Glaube tun sollte. Er sollte uns daran erinnern, dass Gott kein von uns selbst geschaffener Götze ist, keine menschliche Erfindung, kein Konzept, keine Theorie, Projektion oder Vergrößerung von uns selbst, kein Werkzeug (so wie auch ein Ehepartner kein Werkzeug ist). Nein, die bizarre Tatsache ist, dass Gott, obwohl er unsichtbar ist, wirklich *da* ist – da *draußen*, jenseits unserer kühnsten Träume. Er ist ein lebendiges Wesen mit *Persönlichkeit*, der wirklich *Andere*, den wir genauso vertraut und unmittelbar kennen lernen können wie uns selbst und den Menschen, den wir lieben (und noch viel mehr!) und bei dem wir spüren, dass wir auch von ihm erkannt sind. Den Herrn zu kennen heißt, in eine so dramatische und überwältigende persönliche Beziehung zu geraten, dass die Ehe nur ein blasses Abbild davon ist. Dennoch ist sie die irdische Erfahrung, die dieser Beziehung am nächsten kommt. Die Bibel benutzt deshalb so oft das Bild von einer Hochzeit und von Braut und Bräutigam, weil sie etwas davon vermitteln will, was es für Menschen heißt, mit Gott in Liebe verbunden zu sein.

Der christliche Glaube zielt wie die Ehe darauf ab, uns zu lehren, dass wir paradoxerweise am meisten wir selbst sein können, wenn wir uns in einem anderen verlieren, wenn wir vor dem Altar stehen und Liebe und Selbstaufgabe geloben, wenn wir aus unserem Innersten auftauchen, um in den tiefen Wassern des anderen Wesens zu ertrinken. Dann können wir versuchsweise anfangen zu entdecken, dass andere so wirklich sind wie wir selbst, und deshalb damit beginnen, sie zu lieben, wie wir uns selbst lieben und wie Gott selbst auf so unbegreifliche Weise sein Volk liebt.

Die Tatsache allein, dass die Schöpfung objektiv wirklich ist und dass andere Menschen objektiv wirklich sind, will uns auf die noch überwältigendere Wirklichkeit Gottes hinweisen. Wenn die Dinge, die er geschaffen hat, wirklich und ihren Eigenheiten nach unterscheidbar sind, wie viel wirklicher und wie verschieden von ihnen muss dann ihre Quelle sein?

Leibwachenbesetzte Wirklichkeit

Zuerst aber möchte Gott, dass wir lernen, andere genauso wirklich und wichtig zu nehmen wie uns selbst, und das heißt: sie wie uns selbst zu lieben. Das ist der Weg zur Vollkommenheit, den der Herr in unser Herz gelegt hat, und von allen Experimenten, die Menschen gemacht haben, indem sie diesen Weg gehen, ist keins radikaler als die Ehe.

Denn diese Erfahrung der vollen Realität eines anderen Menschen aus nächster Nähe, diese Übung des *Zusammenlebens,* ist keine leichte Sache. Es ist keine leichte Sache, unsere Herzen und unsere Arme zu öffnen und einem anderen zu gestatten, hineinzukommen, einem anderen Menschen den gleichen Wert, die gleiche Bedeutung, das gleiche existentielle Gewicht zuzugestehen, das wir für uns selbst in Anspruch nehmen.

Unser natürliches Verhalten ist nämlich, Menschen nicht wie »andere« zu behandeln, sondern wie Aspekte unseres Selbst. Wir erfahren sie nicht als die überwältigenden, umfassenden Wirklichkeiten, als die wir selbst uns fühlen. Mit uns verglichen sind sie nicht ganz wirklich. Wir sehen sie wie durch einen Nebel, den Nebel unseres alles verschlingenden Ego. Wir filtern andere ständig durch das feinmaschige elektronische Netz unseres eigenen, privaten Wahrnehmungssystems, so dass das, was schließlich unser Bewusstsein erreicht und sich dort festsetzt, in der Regel kein »wirklicher Mensch« mehr ist, sondern eine Art Computerbild, eine Rekonstruktion, die auf unserer persönlichen Programmgestaltung beruht.

Wir leben in einer hochgradig abgeschirmten, von Leibwachen besetzten Wirklichkeit. Nicht viel kommt durch den Stacheldraht, nicht viel kommt an dem großen Kettenhund des Ego vorbei. Denn unser Herz wirklich einem anderen Menschen zu öffnen heißt, ihn in unseren eigenen Thronsaal einzuladen und ihn auf unseren eigenen Thronsessel zu setzen, auf den Platz, der normalerweise von niemandem außer uns selbst warm gehalten wird. Und das zu tun heißt, den Thron, den Sitz des Ego, in seinen Grundfesten zu erschüttern. Die Liebe ist ein Erdbeben, das die Mitte des Universums neu bestimmt.

Wahr ist, dass wir niemals wirklich wie Adam erlebt haben, was es heißt, der einzige Mensch auf Erden zu sein. Dennoch leben manche von uns den größten Teil ihres Lebens so, als sei das tatsächlich der Fall, und deshalb gibt es ein Leiden, das »Einsamkeit« heißt und eines mit dem Namen »Entfremdung«. Menschen können von anderen Menschen umgeben und trotzdem einsam und entfremdet sein, weil sie keinen Wert darauf legen oder auch überhaupt nicht wissen, wie sie es anfangen sollten, mit der Wirklichkeit anderer Menschen in Berührung zu kommen.

Denn wie ermüdend und aufdringlich können andere Menschen sein! Sie überhäufen mich mit Erwartungen, Forderungen, Verantwortung, und jedes Gefühl meiner eigenen Bedeutsamkeit wird allein von den Zahlen, den unmöglichen, wimmelnden Milliarden von anderen Menschen in der Welt verschluckt. Es macht ganz den Anschein, als sei ich entbehrlich und sehr schnell austauschbar. Wenn ich erst einmal verschwunden bin, wird der Rest der Menschheit sich über mir schließen, wie sich Wasser über einem sinkenden Stein schließt.

Ist es da ein Wunder, dass ich eine Zuflucht aus dieser Furcht vor der Bedeutungslosigkeit suche, aus dem niederschmetternden Druck von Beziehungen, aus den Heerscharen anderer Wesen, die wie Heuschrecken durch die grünenden Weiden meiner innersten Seele zu ziehen drohen?

Dem Bedürfnis nach einer solchen Zuflucht kann ich nur durch die bewusste und doch unterschwellige Vorstellung begegnen, dass ich ganz allein auf der Welt bin. Und so laufe ich herum, mein Kopf schwebt in den Wolken, ich laufe auf der Straße an Leuten vorbei, als wären sie Telefonmasten, schaue ihnen direkt in die Augen und sehe sie dennoch kaum, kurbele Gespräche an, die in Wirklichkeit nur Selbstgespräche sind. Zu oft sind andere nichts als Satzzeichen in den trockenen und windigen Monologen meiner egozentrischen Existenz.

In dieser mutwilligen und dennoch unbewussten Abschwächung der ganzen Wirklichkeit anderer Menschen nehmen wir im Grunde Gottes Wirklichkeit nicht wahr – und das heißt, wir verschleiern die Wirklichkeit schlechthin. Denn Menschen sind die Geschöpfe, die Gott am ähnlichsten sind (soweit eine Ähnlichkeit hier möglich ist), und eine lebendigere Erinnerung an seine Existenz, sein Geheimnis, seine Schöpferkraft als alles andere in der Schöpfung. Wenn der Mensch wirklich mehr als alle anderen Wesen nach dem Bilde Gottes geschaffen wurde, dann folgt ganz klar daraus, dass es nichts auf der Erde gibt, was Gott so nah kommen könnte wie ein Mensch. Die Schlussfolgerung ist unausweichlich, dass wir in der Gesellschaft auch noch des bösesten, niedrigsten, abschreckendsten Exemplars der Menschheit näher bei Gott sind als beim Aufschauen zu einem Sternenhimmel oder bei einem schönen Sonnenuntergang.

Das ist sicher der Grund, warum im Neuen Testament nichts über Sonnenuntergänge steht. Das Herzstück der biblischen Theologie ist ein Mann an einem Kreuz, nicht ein atemberaubendes Naturschauspiel. Denn in der Bibel steht die Liebe im Mittelpunkt, und die Wunder der Natur haben (im Vergleich zu den Wundern menschlicher Beziehungen, die in Christus geheilt und wiederhergestellt sind) mit Liebe nur entfernt zu tun. Wir können einen Sonnenuntergang nicht wirklich »lieben«; wir können nur einen Menschen lieben. Wenn man überhaupt sagen kann, dass wir Dinge in der Natur lieben, so besteht diese Liebe nur in einer Art Analogie zu der Liebe, die wir für einen anderen Menschen empfinden, und im eigentlichen Sinne für Gott selbst. Ganz ähnlich ist es mit dem Hass: Wir können nichts in der Natur mit auch nur annähernd der Vehemenz verachten, mit der wir einer den anderen und den Herrn, unseren Gott, verachten und zurückweisen können.

Andere Menschen, seien wir ehrlich, konfrontieren uns direkt mit der Wirklichkeit der Liebe oder des Hasses, die in unseren Herzen ist, auf eine Art, wie es alle schönen Sonnenuntergänge der Welt niemals könnten. Es ist so, als wäre jeder Mensch, den wir treffen, ein Streifen besonderen Lackmus-Papiers, dazu hergestellt, beim Kontakt die Anwesenheit von Liebe oder Hass in uns zu enthüllen, samt aller Abstufungen dazwischen. Wie peinlich und beschämend wäre das, wenn es wirklich passieren würde!

Das ist aber genau die Lage, in der wir uns befinden, und deshalb trägt jeder einen geheimen Groll gegen jeden anderen mit sich, einfach weil der andere lebt. Wir sind einander böse, weil jeder dem anderen ganz akkurat, offen und sehr schmerzhaft die Tiefe der eigenen Lieblosigkeit bloßlegt. Einer Lieblosigkeit, die kein Sternenhimmel, sondern nur die Augen eines anderen Menschen zeigen können.

Zugegebenermaßen ist dieser Groll gegen andere in den Menschen, die in Christus die wahre Kraft zu lieben gefunden haben, nur noch ein Restbestand, aber er ist nichtsdestotrotz da, und die Liebenden sind sich ganz besonders dieser schrecklichen Wahrheit bewusst, besonders in sich selbst. Es ist auch offensichtlich, dass wir in anderen Menschen nur darum auf diese versteckte Weise Gegner sehen, weil wir ganz grundlegend in Gott einen Gegner sehen und auf ihn wütend sind wegen all der Schmerzen und der unerträglichen Unverständlichkeit des Lebens. Denn wie können wir Wut gegen einen unsichtbaren Herrn zum Ausdruck bringen, wie können wir eine Beschwerde gegen die Ewigkeit loswerden? Da andere Menschen in der körperlichen Welt das sind, was Gott am ähnlichsten ist, und wir keinen direkten Kontakt zu ihm aufbauen oder »an ihn herankommen« können, begnügen wir uns damit, an ihn durch einander heranzukommen.

Und es klappt – es klappt tatsächlich! Wie aufregend zu entdecken, dass der allmächtige Gott eine verwundbare Stelle hat, und diese Stelle ist der Mensch! Wir können Gott nicht eins auf die Nase geben, aber das können wir bei einem anderen Menschen tun. Wir können Gott nicht kreuzigen, aber wir können einen Menschen kreuzigen.

Konkurrenzkampf mit Gott

Es ist lebenswichtig zu erkennen, wie hinter unserer Angst vor anderen Menschen und unserer abweisenden Haltung ihnen gegenüber die Furcht vor und die Verweigerung gegenüber Gott selbst stehen. Und genau wie wir die Bedrohung durch andere vermindern, indem wir sie gering schätzen und aus unserem Herzen ausschließen, missachten und verweigern wir die noch größere Bedrohung durch unseren Gott. Wenn wir einen Hang dazu haben, uns zu benehmen, als wären wir der einzige oder der wichtigste Mensch auf Erden, wie leicht können wir in das Lebensmuster hineingeraten, das erklärt (was auch immer wir vorgeben mögen zu glauben), dass unsere eigene Existenz eine sicherere und bedeutendere Tatsache als die Existenz Gottes ist!

Selbst der Glaube kann so manipuliert werden, dass er zu einer ausgeklügelten und systematischen Umgehung des lebendigen Gottes und zuletzt zu einem System der Selbstvergottung führt. Was wie das Sichverlieben als eine zutiefst ernsthafte und aufregende persönliche Begegnung begonnen haben mag, kann leicht zu einem sterilen Kreisen um sich selbst entarten. Und so kann auch die Anbetung Gottes in eine Angelegenheit menschlicher Erfüllung verwandelt werden; Gehorsam Gott gegenüber kann eine Versklavung durch die eigenen Träume und Leidenschaften werden; das Reich Gottes wird übersetzt, so dass es eine utopische Gesellschaft bedeutet, und so weiter. Auf die ein oder andere Art kann Religion dazu benutzt werden, eben nicht Gott zu verherrlichen, sondern den Scheinwerfer von Gott weg auf den Menschen zu richten, und zwar so, dass es dabei nur so trieft vor Frömmigkeit.

Wahrer Glaube kann nur mit einer demütigen Fügung in eine grundlegende Wahrheit beginnen: Es gibt einen Gott, und es handelt sich dabei nicht um mich. Aber selbst wenn sich einem Menschen die Augen dafür öffnen, kann es sein, dass das nicht der Anfang wahren Glaubens in seinem Leben ist. Im Gegenteil kann das der Punkt sein, wo er eine verzweifelte und betrügerische Kampagne anlaufen lässt, um dieses ärgerliche Ungleichgewicht zwischen ihm selbst und seinem Herrn zu korrigieren.

Er verlangt danach, selbst Gott zu sein, und versieht seine ungeheuerliche Anmaßung mit dem Titel »Religion« oder »Glaube«, während sie in Wirklichkeit genau das Gegenteil davon darstellt. Der Unterschied zwischen Glaube und Unglaube liegt entlang der Linie zwischen Bewunderung (oder Anbetung) Gottes und Neid auf ihn, zwischen dem Verlangen, *wie* Gott zu sein, und dem Verlangen, *Gott zu sein*. Unglaube sucht in der Übermenschlichkeit ein Gegengift gegen Gott. In der Grube des menschlichen Herzens liegt ein Same des Konkurrenzkampfes mit Gott, einer Rivalität, die im Grunde in dem Wunsch besteht, seinen Thron umzustürzen (und somit in Satans Aufstand mitzuwirken).

In ihrer hinterhältigsten Form kann diese Rivalität die Gestalt einer religiösen Überzeugung annehmen, welche auf subtile Art und Weise diese Rebellion verklärt und rechtfertigt. Die Sehnsucht nach Vollkommenheit treibt uns um, aber nicht nach der Vollkommenheit, die aus Liebe erwächst, sondern nach einem Perfektionismus, der von Stolz und Selbstzufriedenheit herrührt. Jeder von uns wäre gern so vollkommen, dass die Erschaffung anderer Menschen Gott als völlig unnötig erscheinen müsste. Letztlich müsste es dann auch überhaupt keinen Gott geben. In der Frustration unseres menschlichen Versagens träumen wir davon, allmächtig zu sein – und wenn schon nicht durch einen Sieg über den anderen, dann wenigstens dadurch, dass er kampflos aufgibt! Nicht, dass wir jemals diesen Wunsch auch nur annähernd so unverfroren vorbringen würden, aber wir haben ihn trotzdem als schwelende Vorstellung tief in unseren Seelen, die unser ganzes Leben einfärbt, als die Wurzel der Sünde.

Was das Allerseltsamste an diesem unserem geheimen Ehrgeiz ist, Gott zu sein und die gesamte Schöpfung ganz für uns allein zu haben, ist dies: Wenn es so wäre – das heißt, wenn du oder ich tatsächlich Gott *wären* und von Anbeginn an gewesen wären, dann wäre es höchst unwahrscheinlich, dass es überhaupt eine Schöpfung gäbe, und noch unwahrscheinlicher, dass wir uns jemals den Ärger aufgehalst hätten, ein Wesen zu erschaffen, das so armselig ist wie wir selbst. Denn wenn wir den wahren Herrn ablehnen, den heiligen und allmächtigen Schöpfer, auf welch verborgene und abgründige Weise müssen wir dann erst unser erbärmliches Selbst ablehnen?

Der krasseste Unterschied zwischen mir selbst und dem einen Herrn des Universums ist wahrscheinlich dieser: Wenn ich *er* gewesen wäre, hätte ich niemals etwas getan. Ich hätte meine Hände rein gewaschen von diesem ganzen klebrigen Problem eines wie auch immer gearteten Gegenübers, und ich hätte keinen Finger gerührt, um auch nur ein *einziges* anderes Wesen zu erschaffen. Warum sich schließlich darum kümmern? Warum sollte ich mir denn eine Schöpfung aufladen, und gar die Erschaffung einer lästigen Brut winziger, unverschämter Wesen, die sich einfach nur umdrehen und ihrem Schöpfer ins Gesicht spucken? Nein, ich hätte mir dieses kleine Vergnügen erspart. Die Anstrengung wäre es mir nicht wert gewesen. Ich wäre einfach rundum zufrieden und glücklich mit mir selbst gewesen, der ich alle Menschheit und alle Gottheit in mir in einem glitzernden, dynamischen Paket vereinigt hätte, und ich hätte mich in Ewigkeit an meiner eigenen, selbstgenügsamen Unendlichkeit ergötzt.

Wir sind nicht allein

Es sollte keine Überraschung für uns sein, dass Ehe und Glaube viel gemeinsam haben. In der Ehe wie im Glauben haben wir ein Gegenüber. Die Ehe und der Glaube nähren sich beide aus der sehr eigenen Art von Begegnung mit jemandem, der *wie* ich ist, mir dem Ansehen nach ähnelt, der aber nicht ich selbst *ist*. Beide scheuen keine Kosten und Risiken bei der Erkundung der am weitesten entfernten Grenzlinien und Verzweigungen des Geheimnisses der Beziehung und des Wunders namens Liebe, das wiederum nur im Innersten der Beziehung gefunden und hervorgebracht werden kann.

Denn wenn wir von einer uns natürlichen Neigung zum Isolationismus ausgehen, wie lebenswichtig ist es dann, dass wir die sie störende Wahrheit kennen lernen, mit ihr fertig werden und sie immer und immer wieder entdecken: Wir sind tatsächlich nicht allein auf der Welt!

Das ist genau das, was die Ehe leistet, ebenso wie der echte Glaube: Beide erinnern uns täglich daran, dass wir nicht allein sind. (Wir sind nicht ohne andere Menschen, und wir sind auch nicht ohne Gott.) Wie sehr wir uns auch manchmal wünschen mögen, in Ruhe gelassen zu werden – diese Option gibt es überhaupt nicht. Sie ist die eine Möglichkeit, die Gott und die Ehe uns verweigern. Sie werden uns nicht einfach in Ruhe lassen. Auf die eine oder andere Art sitzen sie uns immer im Rücken und ermahnen uns ständig, dass es so etwas wie ein Leben außerhalb der Beziehung nicht gibt, das heißt, dass es kein Leben gibt, ohne dass wir uns einem anderen (mit-)teilen.

Das ist das Schwierige am Menschsein, am Leben überhaupt: nicht das Leben selbst, sondern das Teilen; nicht die bloße Existenz, sondern die Beziehungen. Als Personen hat uns Gott nicht dazu aus dem Chaos und dem Nichts gerufen, damit wir existieren wie die Tiere auch, sondern damit wir lieben. Der Mensch ist eigens dazu gemacht worden, Beziehungen, die auf

Liebe gründen, einzugehen, und von diesem Punkt hängen Erfolg oder Versagen der ganzen restlichen Schöpfung ab.

Die ganze Schöpfung ist gefallen wegen des Versagens, wegen der Sünde von zwei Menschen. Im Bericht über dieses Ereignis in der Genesis ist es wichtig zu sehen, dass Adams Sünde nicht so sehr ein Akt des direkten Ungehorsams gegenüber Gott war als vielmehr ein Akt des Gehorsams (vielmehr der Komplizenschaft) gegenüber einem anderen Menschen. Zuerst wurde Eva von der Schlange dazu verführt, die Frucht des verbotenen Baumes zu essen, und dann »gab (sie) ihrem Mann, der bei ihr war, auch davon, und er aß« (1. Mose 3,6). Also hörte die Frau auf die Schlange und der Mann hörte auf die Frau, aber keiner hörte auf Gott; und hinterher schob es der Mann auf die Frau, und die Frau schob es auf die Schlange, und sie alle schoben es insgeheim auf Gott.

Oder, um es anders zu sagen: Die Erbsünde fiel nicht in Adams abgeschiedenes Leben im Paradies ein, sondern vielmehr in die komplexe Welt von Beziehungen und im Streit miteinander liegenden Loyalitäten. Der Schauplatz für diese erste Sünde war nicht so sehr der Garten Eden, sondern die Beziehung zwischen dem Mann, der Frau und der Schlange. Die grundlegende Aufgabe, an der der Mensch scheiterte, war nicht die, mit Gott in Frieden zu leben, sondern die, mit einem anderen Menschen vor Gott in Frieden zu leben in Gegenwart der Versuchung.

Das war und bleibt bis auf den heutigen Tag die Crux des Glaubens, der Ort, an dem jede andere geistliche Arbeit anfangen muss. Wir nehmen unseren Nächsten als Gelegenheit zum Stolpern, als ein Werkzeug, das uns hilft, Gott zu ignorieren, als eine bequeme Entschuldigung für unsere eigene Schwäche.

Als Eva in die Welt kam, war sie nicht einfach nur Eva: Sie stellte alles an menschlicher Beziehung überhaupt dar. Sie war aus Adams eigenem Körper gemacht, aus ihm geboren, damit sie eine besonders enge Bindung mit ihm genießen konnte, eine

Bindung, die nicht nur der Eckstein aller zukünftigen Beziehungen zwischen Menschen auf der Erde werden sollte, sondern die zur Definition von Menschlichkeit wurde: »Als Mann und Frau schuf er sie.« So etwas Besonderes war das in Gottes Augen, dass er es sich bis zuletzt aufhob, bis alle übrige schöpferische Arbeit an ihrem Platze war. Die Erschaffung Evas war eine Art »Aufstockung«, ein zweiter Abschnitt, der auf die Schöpfung aufgesetzt wurde.

Der Mensch sollte kein isoliertes Geschöpf sein und auch keine Horde von untereinander isolierten Geschöpfen, sondern vielmehr »ein Fleisch«, eine Ganzheit, die irgendwie zusammengesetzt ist und trotzdem ohne Identitätsverlust auskommt, vereint, aber ohne die wundervolle Schönheit und das Geheimnisvolle der Verschiedenartigkeit einzubüßen.

Adam war ein Mensch allein, ein Einzelstück. Aber in der Gefährtenschaft mit Eva wurde er zur Gattung, zu einem zusammengefügten Leib, und erst damit wurde er fähig, das wahre und vollkommene Leben Gottes widerzuspiegeln, das ein Leben liebender Beziehung ist.

Nur ein Gott, der liebt, kann einen Mann und eine Frau dazu bestimmen, einander zu lieben, ganz davon zu schweigen, dass nur er allen Menschen gebieten kann, ihre Feinde zu lieben. Dieser Gott allein verkörpert die Kraft, die riesige Vielzahl der Menschen in der Einheit der Liebe zu versammeln.

Wo es am meisten wehtut

Wie Gott selbst trägt daher die Ehe eine eingebaute Abscheu gegen Egozentrik in sich. In der Traumwelt selbstzufriedener menschlicher Abgeschiedenheit, mitten in unseren angenehmen kleinen Phantasien von Allmacht, Untadeligkeit und Selbstgenügsamkeit explodiert die Ehe wie eine Bombe. Sie schlägt einen Nerven zermürbenden Kurs der Einmischung ein und eröffnet einen unerbittlichen Krieg gegen den Egoismus. Sie greift die Eitelkeit und den einsamen Stolz der Menschen auf eine Art an, wie das nur wenige andere Dinge zu tun vermögen.

Unermüdlich stellt sie uns die Notwendigkeit des Gebens und Teilens vor Augen – und die Unsinnigkeit gegenseitiger Vorwürfe.

Indem sie uns ärgert, demütigt, erweicht, ernüchtert, reinigt, berührt sie uns an der Stelle, wo es am meisten weh tut, an dem Ort unserer Lieblosigkeit. Indem sie uns lebenslang zu Begegnungen nötigt, die manchmal voller Langeweile, Spannungen, Unannehmlichkeiten oder Kummer sind, fordert uns die Ehe heraus, alles zu verlassen um der Liebe willen.

Denn zunächst einmal überzeugt die Liebe ein Paar, dass sie die größte Liebesgeschichte aller Zeiten erleben, dass keine zwei anderen Menschen einander jemals so geliebt haben wie sie, und dass sie absolut alles opfern würden, nur um zusammen sein zu können. Und dann fordert die Ehe die Beweise ein. Die Ehe ist die irdische Dimension romantischer Liebe, die Übersetzung einer romantischen Blaupause in teure Wirklichkeit. Sie ist das praktische Einarbeiten der großartigsten Träume, Ideale und Versprechungen in das Königreich der Liebe. Sie ist eine von Gottes mächtigsten Geheimwaffen zur Revolution des menschlichen Herzens. Dauerhaft und zielsicher beschießt sie unsere größte Schwachstelle, und das ist unsere Beziehung zu anderen.

Natürlich ist es uns in praktischer Hinsicht unmöglich, eine Verpflichtung jedem anderen Menschen der Welt gegenüber einzuhalten. Das ist Gottes Aufgabe, nicht unsere. Aber die Ehe bezieht uns als Teil eines Ganzen in diese verborgene Aktivität Gottes ein, indem sie uns nur einen Menschen auswählt, einen völlig Fremden aus den Milliarden der Welt, mit dem wir in die höchsten Höhen, die tiefsten Tiefen und die weitesten Fernen einer hingebungsvollen Liebesbeziehung eintreten sollen.

Jemand hat einmal gesagt, das Geheimnis eines guten Feuers sei einfach, dass man ein Scheit gegen das andere lehnt. Die Ehe – wie dieses Kapitel versucht hat deutlich zu machen – erzeugt ein gutes, heißes Feuer durch das einfache Prinzip, einen Mann und eine Frau sozusagen gegeneinander zu lehnen. »Wie man Eisen durch Eisen schleift«, sagt der Spruch, »so schleift ein Mensch den Charakter eines anderen.« – Das trifft nirgendwo mehr zu als in der Ehe. Der Schlüssel dazu ist das, was wir als die Begegnung mit dem »Anderen« bezeichnet haben: dieses seltsame Zusammentreffen getrennter Identitäten, und wie dann ein Mensch sich am anderen aufreibt, um eine Schneide hervorzubringen: die strahlende Schärfe der Liebe.

Natürlich ist es schmerzhaft, geschliffen zu werden, schmerzhaft, wenn die eigene Stumpfheit zu einer Spitze gefeilt wird. Doch gleichzeitig ist es ein reiches, warmes und verzauberndes Abenteuer, Seite an Seite mit etwas zu leben, das so hart ist – härter als Eisen, heißer als Feuer, schärfer sogar als Hass – und zu wissen, dass es im Leben ein Etwas gibt, um das man sich nicht herumdrücken, das man nicht täuschen und dessen schleifender Wirkung man nicht entkommen kann.

Die ganze Welt wird von der Liebe geschärft, aber gerade in dem besonderen Feuer verbindlicher Beziehungen werden die schärfsten und glänzendsten Kanten geschliffen. Denn wir stehen im Licht der anderen, und dieses Licht enthüllt uns, wer wir selbst sind. Dieses Licht ist am leuchtendsten, wo die Liebe am größten ist, und die Liebe ist am größten, wo sie am konkretesten ist und wo das Experiment der Nähe am intimsten und gewagtesten ist.

Einzigartig an der hartnäckigen Treue der Ehe ist, dass sie das »Schärfen« in so einem brutalen Ausmaß zulässt, und dass es trotz allem auf dem zartesten Weg geschieht, den wir uns vorstellen können. Wer hätte jemals vermutet, dass der Schleifstein ein warmer, vertrauter Körper geliebten Fleisches sein kann?

Nur der Herr konnte sich so ein Ehrfurcht gebietend zärtliches und herzerwärmendes Mittel ausdenken, um Männer und Frauen zu Schwertern zu machen.

Doch trotz all ihrer Zartheit ist die Ehe selbst ein Feuer und ein Schwert, ein Feuer, das brandmarkt, und ein Schwert, das eine Wunde zufügt, die weitaus tiefer ist, als jemals ein Pfeil von Amor sein könnte. Denn sie ist eine Wunde im Stolz eines Menschen, an einem Ort, der nicht verheilen kann. Von dem Augenblick an, in dem ein Mann und eine Frau zuerst getroffen im Licht des anderen stehen bleiben, werden sie fühlen, wie sich diese Wunde der Ehe in ihnen öffnet. Der Herr machte die Frau aus einem Stück von der Seite des Mannes und schloss die Stelle wieder mit Fleisch, aber in der Ehe öffnet er diese leere, schmerzende Stelle wieder und beginnt den Prozess, in dessen Verlauf die Frau wieder dort eingefügt wird, wenn nicht buchstäblich *in* die Seite, dann aber sicherlich *an* sie: unablässig gegenwärtig, aufdringlich gegenwärtig, ein plötzlicher, lebenslanger Bewohner eines Ortes, den der Mann bisher für sein eigenes, privates Territorium hielt, sogar für seinen eigenen Körper. Aber in der Ehe wird er an der Frau hängen und die Frau an ihm, wie sein eigenes Fleisch an seinen eigenen Knochen hängt.

Genau so, sagt der Herr, verlange ich selbst danach, in dein tiefstes Inneres einzudringen und dich an mich zu binden dein Leben lang, und darüber hinaus in Ewigkeit.

Liebe

»Wie schön du bist, meine Freundin,
wie wunderschön!
Du hast mich verzaubert, mein Mädchen, meine Braut!«

aus Hohes Lied 4,1+9

Im Verlies

In der Ehe wird eines der tiefsten und unergründlichsten Geheimnisse des ganzen Lebens vor unseren Augen enträtselt. Denn wenn wir heiraten, will die Liebe selbst bei uns einziehen, um von nun an mit uns zu leben. Dieses Etwas, dem wir nachgejagt sind, seit wir alt genug waren, um (wie naiv auch immer) zu glauben, dass danach gesucht werden könne und müsse, hat jetzt all seine Kleider ausgezogen, sich auf *unserem* Bett ausgestreckt und angekündigt, dass es bleibt.

Wir glaubten immer, dieses Etwas sei vor allem durch seine Flüchtigkeit gekennzeichnet, und plötzlich stellt sich heraus, dass es überhaupt nicht flüchtig oder schwer fassbar ist, ganz im Gegenteil. Was unerreichbar war, können wir jetzt nicht mehr loswerden. Was unglaublich betörend und aufregend war, scheint nun darauf zu bestehen, die gewöhnlichste Sache der Welt zu sein. Es ist wie die philosophische Frage nach dem Hund, der das Auto jagt. Sie lautet: Was passiert, wenn er es fängt? Die Ehe setzt uns geradewegs der Frage aus, was wir mit der Liebe anfangen wollen, wenn wir sie einmal gefangen haben.

Oder eher, wenn sie uns einmal gefangen hat. Denn die Ehe ist eine Falle. Sie ist eine Falle aus purer Liebe. Diese Liebe ist so rein, so inständig, dass sie wie ein großes Eisentor sein kann, das hinter uns ins Schloss fällt. Und da sind wir dann. Nach unserem eigenen freien Willen eingesperrt im Verlies der Ehe. Und der einzige Schlüssel wurde unserem Partner, einem völlig Fremden, zu schlucken gegeben.

Kein Gefängnis ist dunkler als das einer menschlichen Beziehung, in der man sich gefangen fühlt, und in jeder Ehe drängt sich dieser Eindruck des Eingesperrtseins zumindest ein wenig auf. Denn es gefällt der Liebe, so mit uns umzugehen. Sie liebt es, uns in eine Ecke zu drängen. Sie liebt es, uns unsere Unabhängigkeit wie einen Teppich unter den Füßen wegzuziehen, um anschließend aus einiger Entfernung zuzusehen, was wir dann wohl tun werden. Sie liebt es, uns um ihretwillen enorme Risiken eingehen zu lassen, nur um sich umzudrehen und uns zwischen allen Stühlen hängen zu lassen.

Es gibt vielleicht nichts so Betrügerisches, kühl Abweisendes, Berechnendes und Unbeeinflussbares auf der Welt wie die Liebe. Es ist zum Verzweifeln, wie unverantwortlich sie sein kann: Leuten einfach ein Bein zu stellen und dann ihr gesamtes Leben so beiläufig umzudrehen, als wären sie Blätter im Herbstwind! Viele Menschen sind sehr überrascht, wenn sie herausfinden, wie die Liebe unter ihrem schmeichelnden Äußeren aussehen kann.

Natürlich hat sie ihre eigenen Absichten. Und diese Absichten beschränken sich auf nicht viel weniger als eine weltweite Revolution: eine Revolution, in deren Verlauf alles Erreichbare in reine Liebe umgewandelt werden soll. Das ist es, was sie im Sinn hat. Und darum benutzt sie diese grausame Strategie und drängt Leute in Ecken, zwängt sie in unmögliche Situationen, aus denen der einzige Weg zu entkommen ein Weg der Güte und der Liebe ist; sie müssen erlauben, dass sie mehr und mehr zu Liebenden gemacht werden, zu Werkzeugen und wehrlosen Schachfiguren, und *das* lieben lernen, was die Liebe ihnen angetan hat. Wenn das Gefängnistor der Liebe zuschlägt, ist die einzige Möglichkeit, sich noch mehr zu verlieben als jemals vorher. Es gibt keinen anderen Ausweg.

Ein schwimmender Berg

Also: Wir sind in der eisernen Ehefalle gefangen und wir kämpfen und winden uns ganz schön, aber immer wieder müssen wir mit der Tatsache fertig werden, dass es nur einen Weg gibt, aus der Falle hinauszugelangen, und der ist: uns entspannen und mehr über Liebe lernen, als wir jemals wissen wollten. Wieder und wieder schleudert uns die Liebe eimerweise kaltes Wasser ins Gesicht und erklärt geduldig, dass sie überhaupt nicht das ist, was wir uns unter ihr vorgestellt haben. Aber immer und immer wieder entgeht uns der richtige Dreh dabei, oder wir nehmen sie gar nicht beim Wort.

Gibt es irgendetwas, das uns mehr ärgert als dieser launische kleine Diktator namens Liebe? Ist der Hass etwa irritierender, aufdringlicher, verunsichernder? Der Hass besitzt wenigstens eine Art von Vorhersagbarkeit, eine verlässliche Gleichheit. Aber die Liebe ist ein Chamäleon, sie wechselt immerzu die Farbe, plötzlich huscht sie unter einen Stein. Sie scheint es zu genießen, sich herauszuschlängeln, wenn man sie packen will. Sie bläst sich auf, bis sie die wirklichste, blendendste und wichtigste Sache auf der Welt ist, um dann plötzlich zu zischen, Luft abzulassen und sich wieder unter die fahlen Wüstenpflanzen des stumpfsinnig, normalen Lebens zu mischen. So zumindest scheint die große Mehrheit der Liebenden die Liebe zu erfahren.

Wahrscheinlich ist der häufigste Kommentar, den man von Paaren über die Ehe hört, der, dass es »Höhen und Tiefen« gibt. Die Höhen sind die Zeiten, wenn die Liebe so klar wie der Tag ist, so groß wie das Leben und vollkommen offensichtlich (das heißt dem Bewusstsein und dem Gefühl offensichtlich). Die Tiefen sind die Zeiten, in denen die Liebe sich verbirgt, sich absondert, so dass es aussehen kann, als sei von ihr gar nichts übrig geblieben. Diese Beobachtung der »Höhen und Tiefen« ist so allgegenwärtig, dass man sich fragt, ob sie nicht direkt in das

Eheversprechen aufgenommen werden sollte. Aber natürlich heißt es: »... in guten und in schlechten Tagen ...«

Wenn das Leben selbst voller Wechselfälle ist, dann gilt das Gleiche auch und sogar noch mehr für die Ehe. Denn die Ehe umgreift zwei Leben auf einmal, zwei Leben, die auf so ungewöhnliche Weise miteinander verbunden werden, dass nur Gott, wie Jesus uns in Markus 10,9 begreiflich macht, sie jemals entwirren und voneinander scheiden kann. So empfindlich und kompliziert ist diese Balance der beiden Leben und Willen, dass sie nur durch eine Art Taschenspielertrick, durch die Fingerfertigkeit der Liebe erreicht werden kann. Die Leute dürfen gar nicht mehr anders können als Liebe lernen. Die Liebe muss in ihre Leben geschmuggelt werden, wenn sie nicht hingucken. Die Liebe hat eine Art, hinterrücks zu den Menschen zu kommen, sich heranzuschleichen, zum Beispiel in einer Zeit ihres Lebens, wenn sie sich selbst ganz besonders unverständlich erscheinen.

Die Liebe hat immer diese Eigenschaft des »Ich-sehe-es-ich-seh-es-nicht«, so wie jede geistliche Wirklichkeit, wie alles, was so weit und tief ist, dass es niemals richtig von menschlicher Vernunft und menschlichen Sinnen aufgenommen werden kann. Die Liebe ist nachts am Werk, unterirdisch, oftmals verkleidet und blitzschnell – so schnell, dass niemand auch nur annähernd mit ihr Schritt halten könnte. Sogar wenn wir einen flüchtigen Blick auf die Liebe erhaschen, ist sie uns immer noch um Meilen voraus. Sie lässt uns schwindelig und in einer Staubwolke zurück, wenn sie vorbeirast. Wir können sie nicht greifen: vielmehr ergreift sie uns. Sie ist unvorhersehbar, irrational, übernatürlich.

Wir können einige Folgen der Liebe in unserem Leben erkennen, aber wir können sie niemals alle sehen, und wir können auch die Liebe selbst nicht sehen. So wie bei einem Eisberg neun Zehntel unter der Wasseroberfläche sind, so ist das auch mit der Liebe: Das meiste ist unsichtbar, aber dennoch wirkt sie. Im Grunde ist die Liebe unsichtbar, unverständlich und eine Million Lichtjahre von uns entfernt und um so viel größer als wir, dass wir ohnmächtig werden, wenn wir mit ihr in Berührung kommen. Wer nimmt denn die ungeheure, totale Forderung nicht übel, die diese uns fremde Liebe über unsere Herzen spannt?

Denn die Liebe ist wie der Tod: Sie will uns ganz. Und wer wurde nicht schon fast zu Tode erschreckt von dem dunklen Schatten der Liebe, wenn er so riesig und behände wie ein interstellarer Haifisch, wie ein schwimmender Berg, durch die tiefsten Wasser unseres Seins gleitet – durch Tiefen, von denen wir niemals wussten? Es ist keine Liebe, wenn es uns nicht überwältigt und an einem Punkt versteinern lässt. Denn die Liebe hat einen Stachel, einen Biss, und der ist tödlich. Ein Mensch, der von der Liebe gebissen wurde, wird sterben für das, was er liebt, und es mag sein, dass das zutiefst gegen seinen Willen geschieht. Denn sein Wille (wenn alles gut gegangen ist) wird gefangen sein, völlig in Besitz genommen von der Liebe.

Eine zweite Kindheit

Das soll nicht heißen, dass die Liebe ohne Freiheit ist. Im Gegenteil, in der anfänglichen Erfahrung des Sich-Verliebens ist es die Freiheit selbst, die auf positive Art so erschreckend sein kann: das Gefühl, den Auswirkungen der eigenen freien Entscheidungen ausgesetzt zu sein wie niemals zuvor. Denn die Wahl eines Ehepartners (die natürlich mit der zunächst getroffenen Entscheidung zu heiraten einhergeht; beides kann nicht wirklich getrennt werden) ist eine der freiesten Entscheidungen, die wir als menschliche Wesen treffen. Es mag sein, dass wir das wahre Ausmaß unserer Freiheit gar nicht erkennen, während wir uns in diesem Prozess befinden. Es gibt sogar Leute, die es vorziehen, hinterher darüber so zu denken, als seien sie zu ihren Eheversprechen *gedrängt* worden, oder als hätten die Umstände sie einfach überrollt, oder als hätten sie den Kopf verloren und wären unfähig gewesen, rational zu denken!

Nichtsdestotrotz, betrachtet man den hellwachen, fast großtuerischen Schwung von Verliebten und das radikale Umkrempeln und den Wagemut, mit dem sie daran gehen, ihre Leben völlig um den geliebten Menschen und die bevorstehende Hochzeit zu reorganisieren, so erscheinen im Vergleich dazu bestimmt die meisten anderen Zeiten im Leben beengt und vorhersehbar. Aber was die Liebe angeht, sie pumpt Spontaneität wie Adrenalin, sie gibt Freizügigkeit wie ein dickes Paket Banknoten. Man kann praktisch von Liebe allein leben.

Es ist kein Geheimnis, dass die Liebe diese berauschende, atemberaubende Freiheit mit sich bringt, aber wie vielen Leuten wird eigentlich klar, dass die verheiratete Variante die berauschendste von allen ist? In einem Menschen, der kurz davor ist zu heiraten, gibt es eine Art abgehobener Entgleisung, als ob einer alten, rostigen Lokomotive plötzlich Flügel gewachsen wären und sie von ihrem Gleis geschwebt wäre.

Verlobt zu sein ist wie eine zweite Kindheit, sogar bis hin zu dem Gefühl, es würden eigenartige, neue Chemikalien im Körper ausgeschüttet. Es ist wirklich so, als hätte man einen *neuen Körper*, als wäre man ein brandneues Geschöpf, das gerade aus seinem Kokon herausschlüpft, mit glänzender, noch nicht ganz trockener Haut. Die Welt *leuchtet*, und dieser verrückte neue Körper ist so unwahrscheinlich *empfindlich* für alles. Es ist eine Sache, als Baby ein neues Geschöpf zu sein, ohne jedes Bewusstsein von sich selbst. Aber es ist etwas ganz anderes, wenn das einem erwachsenen Menschen passiert. Man stolpert herum, trampelt durch die Gegend, reckt den Hals, taumelt. Und was sind das für schwerfällige Anhängsel auf dem Rücken, diese grotesken, unhandlichen Apparate, die einen andauernd in die Luft hochheben?

Es ist wunderbar, sicherlich, aber genauso beängstigend und Nerven zermürbend und auf so erschreckende Weise befreiend, dass die meisten Menschen in einem verzweifelten Kampf versuchen herauszufinden, wo der Schalter ist, der ihre Köpfe und Herzen irgendwie auf Autopilot stellt, so dass sie alle zukünftige Verantwortung für ihre Handlungen während dieser bizarren Phase schlicht verleugnen können. Denn in der Liebe gibt es immer eine riesenhafte und unmögliche Entscheidung zu fällen, und es gibt keine echte Ruhe, bevor sie gefällt ist. Es ist wie bei einem Piloten, der entscheiden muss, ob er eine Bauchlandung mit einem Jumbojet in einem Kornfeld riskieren will. Die Liebe kann nicht ewig um den heißen Brei herumschleichen; sie verlangt Entschlossenheit, völligen Einsatz. Sie ist niemals zufrieden mit nur einem bisschen vom Herzen eines Menschen, die Liebe will das ganze Ding, und sie schiebt dich immerzu in Richtung dieser Grenze.

Da ist so ein Gefühl der Dringlichkeit, der drohenden Umwälzung, der Notwendigkeit, alle Sinne und jedes Gran Aufmerksamkeit auf eine Situation zu konzentrieren, die schwerlich flüchtiger sein könnte und die absolut imstande wäre, ein ganzes Leben gelingen oder zerbrechen zu lassen.

Denn es liegt in der Natur der Liebe, dass sie auf einen Höhepunkt zustrebt. Es liegt im Wesen der Liebe, dass sie die ganze wilde Geschichte eines Lebens auf einen Punkt bringt, auf eine einzige pointierte Frage, eine einzige Entscheidung, ein einziges augenblickliches Zusammenfallen von Energien. Nichts daran ist auch nur im Geringsten vage oder abstrakt. Man liebt keine Abstraktion; man liebt diese eine bestimmte Gestalt eines Lächelns oder den einzigartigen Klang einer Stimme, und keine andere Stimme und kein anderes Lächeln wird das ersetzen können.

Die Liebe ist immer sehr präzise, immer so beängstigend und triumphierend deutlich. Man erkennt sie nämlich genau daran, dass sie die einzige Sache ist, die so ist. Alles andere tappt im Dunkeln. Aber in der Liebe gibt es ein Schwerkraftgesetz, eine Anziehung zu einem bestimmten Zentrum. Wahre Liebe hat eine unvergleichliche Offensichtlichkeit, eine Erleuchtetheit, eine Besonderheit und eine Sicherheit. Zu zweifeln heißt, in Dunkelheit und Verwirrung gestürzt zu werden. Aber daran zu glauben und es anzunehmen heißt, mit Licht erfüllt zu werden. Es gibt nichts Vergleichbares. Wenige andere Entscheidungen im Leben können auch nur annähernd so bedeutend werden wie die, zu lieben oder nicht zu lieben. Und wenn sie einmal gefällt ist, kann sie nicht zurückgenommen werden.

Aber auch wenn die Entscheidung zu heiraten zunächst einmal ganz fürchterlich schwer zu fällen ist, so kann es sicher noch fürchterlicher sein, damit zu leben. Denn die erschütternde neue Freiheit, die die Liebe schafft, erlahmt nicht plötzlich (entgegen dem allgemeinen Dafürhalten) am Hochzeitstag. Im Gegenteil stellt sich die Ehe nur als eine Tür zu einem ganzen in Aufregung geratenen Ameisenhaufen der Freiheit heraus, die romantische Liebe nur als eine Falltür, die einen wohl oder übel hinausstürzt in den verzweifelt langen freien Fall der wahren Liebe, in die losgelöste Extravaganz des Beisammenlebens. Verheiratet zu sein heißt, sich auf einem heißen Blechdach aus Freiheit zu befinden, an einem Ort, wo die Liebe niemals schläft. Denn die Liebe ist ihrem Wesen nach ruhelos, beständig suchend, die Tiefen prüfend.

Unermüdlich versucht sie, das Herz zu erweitern und bis zum Letzten die unendlichen Möglichkeiten menschlicher Freiheit auszuschöpfen.

Verheiratet zu sein heißt nicht, aus den Frontlinien der Liebe abkommandiert zu werden, sondern vielmehr, in die Vollen geschmissen zu werden. Tagein, tagaus ist man mit der Notwendigkeit konfrontiert, tiefer und tiefer im eigenen Herzen dieselbe erschreckend augenblickliche und unmögliche Entscheidung zu fällen, die man nur dann hat fällen können, als man Hals über Kopf verliebt und außer sich vor Vertrauen und Glauben war. Das ist nicht Ergebung in ein Schicksal, sondern das freie und spontane Ergreifen eines Geschenks, einer Herausforderung und einer Vorsehung.

Ist es da ein Wunder, dass viele Leute diesem Druck nicht standhalten? Es ist ein Druck, der nur mit Liebe verkraftet werden kann, und zwar in ständig wachsender Dosierung. Die Ehe fordert die stetige, tägliche Erneuerung einer Entscheidung, die, da sie zu einer solch atemberaubenden Kategorie gehört, dass sie menschlich unmöglich zu treffen ist, nur durch die Gnade Gottes getroffen werden kann.

Kismet oder Gnade?

Oft wird die Frage gestellt, ob es Schicksal oder Zufall sei, wenn man sich verliebt. Wir überlegen uns zum Beispiel gerne, ob es »irgendwo da draußen jemand ganz Bestimmten für uns« gibt, oder ob wir uns unter günstigen Umständen gleichermaßen in jede(n) aus einer Reihe passender Kandidaten verlieben können, oder ob es überhaupt jemanden gibt, der dafür in Frage kommt.

Ein Augenblick des Nachdenkens wird uns darauf bringen, dass, wie aufregend diese Frage auch sein mag, es eigentlich gar keine echte Frage ist; denn dass es eine Alternative zu geben scheint, ist in Wahrheit nur eine Spitzfindigkeit. Sogar wenn zwei Menschen vor ihrer Geburt dazu bestimmt wurden, sich ineinander zu verlieben, ist sicherlich noch irgendeine Art »Zufall« nötig, um sie zusammenzubringen.

Auf der anderen Seite: Wenn es wahr ist, dass zwei beliebige Menschen sich bei einem günstigen Zusammentreffen ineinander verlieben können, was sagt uns denn dann, dass genau diese Fügung der Umstände, die wir für Zufall halten, nicht vorherbestimmt war? Im Ganzen können die Umstände nie ohne die betroffenen Menschen gedacht werden. Im Gegenteil, die Menschen – untrennbar verbunden mit allem, was sie mit sich tragen, dem Gepäck ihrer eigentümlichen Persönlichkeiten und einzigartigen Geschichten – *sind* die Umstände. Schicksal und Zufall, so stellt sich heraus, bezeichnen dieselbe Sache. Die Tür des Zufalls dreht sich in den Angeln des Schicksals.

Wie auch immer, das große Geheimnis ist, dass man sich nicht willentlich verlieben kann. Das ist eins von den Dingen, die einfach »geschehen«; und ob der Mechanismus, der das bewirkt, Kismet oder Zufall genannt wird, Zusammentreffen oder Gnade, wir sind ihm nichtsdestotrotz ausgeliefert. Selbst Freiheit, wahre Freiheit, kann ein Mensch nicht in den Tiefen seines Willens herstellen. Sie kann ihm nur zuteil werden als ein Geschenk, wie auch der Zugfahrplan der Liebe nach seiner eigenen herrlichen Zeit läuft.

Was trotzdem an dieser Frage über die Schicksalshaftigkeit der Liebe interessant ist – ob sie sich nach der Bestimmung oder dem Zufall richtet –: Sie wird wahrscheinlich nur ernsthaft von denen gestellt, die noch nicht verliebt sind oder nicht innig verliebt sind oder tatsächlich keine Ahnung davon haben, was Liebe ist. Das ist die Art von Mensch, die gern darüber nachgrübelt, ob es »irgendwo da draußen jemand ganz Bestimmten« gibt oder ob der Mensch, den sie gefunden haben, etwa nur eine in einer ganzen Reihe von Möglichkeiten ist. Im Gegensatz dazu könnte den Menschen, der wirklich verliebt ist, nichts weniger interessieren als andere Möglichkeiten, genau wie derjenige, der die Wahrheit gefunden hat, kein Interesse an »anderen Wahrheiten« hat. Für den, der glaubt, und für den, der liebt, gibt es keine andere Wahrheit und keine andere Liebe.

Daher ist wirkliche Liebe immer vorherbestimmt. Sie wurde vor aller Zeit geplant. Sie ist der am sorgfältigsten vorbereitete »Zufall«. »Schicksal« ist natürlich nur der weltliche Begriff für den Willen Gottes, und »Zufall« der weltliche Begriff für seine Gnade.

Visionäre Erfahrung

Nimmt nicht diese Tatsache – dass sie von Gott vor aller Ewigkeit gewollt wurde – der Liebe etwas von ihrer Frische und Spontaneität? Sicherlich nicht! Der wesentliche Zug der Liebe ist nämlich genau der, den man als *Deus ex Machina*-Aspekt bezeichnen kann: das Gefühl, dass etwas ziemlich plötzlich und überraschend da ist, was niemals vorher da war. Etwas *Geschaffenes*, brandneu, so anders und verschiedenartig, dass es das gesamte Leben neu bestimmt.

Wir erfahren, dass die Liebe von Gott geschenkt ist und dass es überhaupt Liebe ist, unter anderem daher, dass sie in einer Art und Weise zu uns kommt, die wir nie hätten vorausahnen können. Sie kommt aus heiterem Himmel. Denn sie ist Gnade, rein und frei, eine der spektakulärsten Weisen, durch die Gott in das Leben eines Menschen hinein wirkt und mit atemberaubender Unerwartetheit und umfassende Erneuerung und Verwandlung bringt.

»Sich verlieben« bedeutet, von Gott eine neue Sichtweise geschenkt zu erhalten, die das wahre Wesen der Dinge offen legt und neuen Einblick in die Kraft und die Möglichkeiten des Lebens bietet. Aber im selben Moment hat der Liebende schon eine Entscheidung zu fällen, eine Entscheidung darüber, wie weit er sein Leben von einer Vision bestimmen lassen will. Den Schritt von der Liebe zur Ehe machen heißt, einen Schritt im Glauben gehen. Es bedeutet, das Leben auf eine geistliche Erfahrung zu gründen. Man kann nicht in die Gnade der Ehe eintreten außer durch ein völlig neues Verständnis von Liebe.

Offensichtlich ist das nichts, was wir alleine bewerkstelligen können. Es ist eine transzendente Erfahrung, eine gottgegebene Vision, die durch die Mittlerrolle eines bestimmten, besonderen Menschen zu uns kommt. Dann stellen wir uns mit diesem einen Menschen hin und geben eine öffentliche Erklärung ab über das absolut dramatische und überzeugende Erlebnis dieser

Vision. Es ist so eine erdbebenartige Erfahrung, dass es vollkommen natürlich erscheint, uns ihr ganz auszuliefern, im selben Augenblick und auf der Stelle zu geloben, den Rest unseres Lebens daran zu setzen, diese Vision zu verfolgen, zu erforschen, zu erproben und uns daran zu erfreuen, in ihrer ständigen Erneuerung zu leben.

Es ist ein »Versuch«, sicherlich – aber ein Versuch, der völlig ungültig sein wird, außer wenn wir unser beider Leben auf ihn setzen. Wir geloben, dass wir eine visionäre Erfahrung hatten, die uns befähigen wird, zu lieben »bis der Tod uns scheidet«. Wir haben auf dem Berg gestanden und das verheißene Land gesehen, und wir sind davon überzeugt, dass es sich lohnt, dahin auszuziehen. Wenn wir vor dem Tod aufhören zu lieben, wenn wir die Pilgerschaft an irgendeinem Punkt aufgeben, dann ist das der Rückschritt in die Überzeugung, dass da niemals ein Berg oder die Vision eines verheißenen Landes war und dass die Liebe keine dauerhafte Realität, sondern vielmehr nur eine vorübergehende Tändelei war, eine Illusion oder ein Fehler oder eine Angelegenheit des Zufalls und purer Laune und Gefühlsduselei. Wir werden eine der tiefgehendsten geistlichen Erfahrungen unseres Lebens zerstört, verworfen und ungültig gemacht haben.

Das ist es auch, was an einer Scheidung so schmerzhaft ist: Sie trennt den Geschiedenen nicht nur von seinem Gefährten, sondern in mancher Hinsicht auch von seinem Glauben. Und das scheint dummerweise unabhängig davon wahr zu sein, zu welcher Religion ein Mensch sich hält. Selbst eine Religion der reinen Selbstsuche und der Genusssucht läuft angesichts der Tragödie einer Scheidung auf Grund. Die populäre zeitgenössische Meinung, dass sich Partner in Freundschaft trennen können und sogar »getrennt bessere Freunde sein können, als wenn sie noch zusammen lebten«, ist ein absurdes Märchen. Die Tatsache allein, dass eine Trennung stattfindet, setzt Unerfreulichkeit und Feindseligkeit voraus.

Wie auch immer die Umstände im einzelnen Fall sein mögen, Tatsache bleibt jedenfalls, dass es niemals einen Rückzug aus der Ehe geben kann ohne die allerschwersten Folgen. Denn die Vision, die die Liebe uns eröffnet, ist so süß und wundersam und jenseitig, dass nichts anderes sich jemals mit ihr vergleichen könnte. Alles ist Staub und Leere im Vergleich zu einem kurzen Geschmack von Liebe auf der äußersten Zungenspitze.

Ist es also ein Wunder, dass manche Menschen alles tun, was in ihrer Macht steht, um die Liebe von sich fern zu halten? Denn wir wissen instinktiv, dass die Liebe wie ein gewalttätiger Revolutionär ist, der den Kopf vollgestopft hat mit den wildesten Träumen anstatt mit Gehirn, ein gefährlicher Idealist, dem nichts besser gefallen würde, als uns endlich zu packen und uns bis auf die Knochen durchzuschütteln, all unsere Ideen und Vorsätze zu kippen, unsere Herzen drastisch von Grund auf zu erneuern, uns mit völlig neuen Motiven fürs Leben auszufüllen. Einer solchen Kraft auch nur für einen Moment nachzugeben heißt, ziemlich ordentlich umgeworfen zu werden.

Gib der Liebe einen Zentimeter, und sie wird dein ganzes Leben nehmen, und das wird alles blitzartig geschehen, mit der Geschwindigkeit eines Augenaufschlags.

Das Ego in seinem eigenen Spiel schlagen

Das ist es, was die Ehe zu solch einer aufregenden Unternehmung macht: dass sie größere Macht hat, den gesamten Verlauf eines Lebens zu ändern, als andere auf offensichtlichere Weise störende Kräfte. Manche Leute gehen eine Ehe ein und denken, sie müssten sich gar nicht groß verändern oder nur ein kleines bisschen entlang einer Linie, die genau vorhersehbar und kontrollierbar ist. Solche Menschen werden ziemlich viel zu knabbern haben. Wenn der beängstigende und unaufhaltsame Prozess der Änderungen einsetzt, graben sie ihre Absätze in den Boden und wollen sich nicht mehr rühren, und das dann folgende Tauziehen richtet Verwüstung in jeder Abteilung ihrer vorher so bequemen Existenz an.

Die Ehe ist selbst unter den besten Umständen eine Krise – eine der heftigsten Krisen im Leben – und es ist äußerst gefährlich, sich dessen nicht bewusst zu sein. Ob es dann eine gesunde, herausfordernde und konstruktive Krise oder ein katastrophaler Alptraum wird, hängt zum großen Teil davon ab, zu welchem Grad die Partner willens sind, sich ändern zu lassen.

Ironischerweise werfen sich manchmal genau die Menschen, von denen man es am wenigsten vermutet hätte, die härtesten und verkrustetsten, in die Arme der Ehe und unterwerfen sich so in nahezu völliger Naivität den beiden Kräften, die das menschliche Herz am gründlichsten umformen: der Liebe eines anderen Menschen und der gnädigen Liebe Gottes.

Allgemein gesprochen gibt es nur ein anderes Ereignis, das normalerweise einen Menschen in ein tief greifenderes, weit reichenderes Programm persönlicher Veränderungen verwickelt, und das ist eine Bekehrung zum Glauben. Wenn wir also von Liebe und Ehe reden, täten wir gut daran, uns daran zu erinnern, dass das die Größenordnung ist, mit der wir hier umgehen müssen. Wir ziehen nicht einfach mal mit jemandem zusammen, von dem wir denken, dass es schön sein könnte, mit ihm gemeinsam zu leben.

Vielmehr geben wir unsere vorherige Zustimmung zu einer ganzen Kettenreaktion von Erprobungen, Entscheidungen, Umformungen und persönlichen Umwälzungen, die, wenn sie einmal an uns geschehen sind, uns nicht nur bis fast zur Unkenntlichkeit verändern, sondern auch nahezu so tief zeichnen können wie eine Bekehrung zum Glauben. Und genauso sollte es auch sein.

Da die Liebe die mächtigste Kraft ist, ist es nicht weiter überraschend, dass die überwältigendsten Erfahrungen des Lebens die sind, dass man liebt – erst Gott und dann einen anderen

Menschen. Kein Trick eines Zauberkünstlers, kein Spruch eines Hexenmeisters, keine Droge und keine Hypnose, keine Bestechung und keine Folter, kein Zwang kann sich in seiner Kraftwirkung mit dem Drang zur Veränderung vergleichen, der in der menschlichen Brust durch die Berührung mit Liebe entfesselt wird. Die Liebe ist die beste Lehrerin, denn es gibt keine zwingendere Autorität, keine fesselndere Kraft, keinen weiseren Rat, keine Botschaft, nach der wir uns mehr sehnen, keinen Meister, für den es leichter wäre, absolut alles aufzugeben, um folgen und gehorchen zu können.

Was ist das für ein Mensch, der, wenn die Liebe an die Tür klopft, nicht sofort alles, was er tut, fallen lässt und hingerannt kommt? Sogar wenn wir einer von denen sind, die sich stur weigern, sich der Liebe zu öffnen, können wir es trotzdem nicht lassen, uns im Flur zusammenzukauern und am Schlüsselloch zu horchen und sie verstohlen zu bitten, nicht wegzugehen, uns nicht allein zu lassen (wie sehr wir an der Oberfläche auch gerade das zu wünschen scheinen). Vielmehr flehen wir sie in verzweifelter, erbärmlicher Zusammenhanglosigkeit an und drängeln sie, doch einen Weg zu finden, irgendeinen Weg, unsere Widerstände niederzureißen und ihr segensreiches Licht in uns auszugießen.

Kein Wunder also, dass wir von Liebesgeschichten fasziniert sind. Geschichten von Leuten, die sich verlieben und aus dem Trott stumpfsinniger Existenz herausgehoben werden, fesseln uns genauso wie Geschichten über Erleuchtung und religiöse Bekehrung. Natürlich ist der Krieg auch ein faszinierender Gegenstand – aber selbst der Krieg war niemals und wird niemals ein so beliebtes Schauspiel sein wie die Liebe! Denn der Krieg ist auf die Vernichtung menschlichen Lebens im großen Maßstab spezialisiert, wohingegen die Liebe, die das Leben aufbaut und feiert, sich auf die Zerstörung von etwas spezialisiert hat, das viel mächtiger und unnachgiebiger ist als das Leben selbst – das menschliche Ego.

Es ist kein großes Kunststück, leibliche Körper zu vernichten: Das Fleisch ist verwundbar, und sein Blut vergießt sich nur zu leicht. Aber einen Riss im Ego oder dem innersten Selbst zu orten, wie die wahre Liebe das tut, und dem Stolz einen ordentlichen Kampf zu erklären – das ist eine würdige Tat! Dazu gehört Kraft!

Wie stellt die Liebe das an? Wie schafft es die Liebe wieder und wieder, entgegen jeder Wahrscheinlichkeit, Menschen aus der sicheren Dunkelheit ihrer Selbstbezogenheit herauszulocken in die Demut und Entblößung ihres eigenen verzehrenden Lichtes?

Man kann eine Erklärung dafür anbieten, auch auf die Gefahr hin, dass sie zu einfach klingt: Die Liebe schlägt das Ego in seinem eigenen Spiel. Als die einzige Eigenschaft, die für und aus sich selbst lebt und nicht in Reaktion auf irgendetwas anderes, ist die Liebe letztlich die reinste Bekundung der Individualität. Tatsächlich ist sie der einzige Zustand, in dem ein Ich wirklich existieren kann. Wenn das Selbst, das sich auf menschlichen Stolz und menschliche Illusion gründet, sich gegen die Liebe wendet, kann es nicht bestehen. Es hat das gefunden, worum es selbst gekämpft hat, das, was es selbst sein wollte, und fällt so mit Scham, Erleichterung, Freude, Erkenntnis in sich zusammen. Es hat keine Angst mehr davor, sich selbst zu verlieren, denn es ist gefunden worden.

Die Liebe siegt über die Selbstbezogenheit, indem sie das ganze Konzept des Selbst überflüssig macht, oder zumindest, indem sie es aus aller Erkenntnis heraus neu definiert. Denn der besondere Zauber der Liebe besteht darin, dass sie überzeugend zeigen kann: Das wirkliche Ziel des Selbst, die völlige Selbstgenügsamkeit, kann nur auf dem Weg der totalen Selbstaufopferung erreicht werden.

Nur die Liebe genügt sich völlig selbst, denn nur die Liebe hat überhaupt nichts zu verlieren, wenn sie sich ausgießt, weil das ihr Wesen ausmacht.

Nur die Liebe ist innerlich so stark und voller Vertrauen zu sich selbst, dass sie niemals Vergeltung üben muss, noch nicht mal an ihren ärgsten Feinden. Einzig die Liebe besteht allein dadurch, dass sie sich schon bedingungslos ergeben hat.

Die Liebe greift den Stolz an und zerstört ihn, indem sie das Bedürfnis nach ihm auslöscht. Die Liebe schafft den einzigen sicheren Grund, auf dem das gesamte strotzende Waffenlager der Selbstbehauptung übergeben werden kann. Welcher Nutzen könnte darin liegen, das Selbst zu behaupten, wenn das Selbst schon als Ganzes und vorbehaltlos geliebt wird, und zwar nicht wegen, sondern trotz allem, was es tun könnte? Was gibt es da noch zu behaupten? Wenn das Selbst weiß, dass es schon bedingungslos angenommen ist, dann braucht es sich gar nicht mehr darum zu sorgen, wie es seine eigenen Ansprüche besser geltend machen oder die Bedingungen schaffen kann, die es würdig machen würden, geliebt zu werden.

So lange, wie das Selbst in den Kampf darum verwickelt ist, sich selbst liebenswert zu machen, kann es nicht lieben. Erst müssen all seine Ressourcen erschöpft sein, denn die Kraft zu lieben kommt einzig und allein aus dem Wissen, dass man schon wiedergeliebt wird. Die Energie zu lieben fließt nicht aus irgendeiner Anstrengung, sondern einfach aus dem Geliebtwerden. Und so wachsen die besten Ehen und die tiefsten Beziehungen zu Gott aus der erstaunlichen Entdeckung, dass man nichts tun kann, um Liebe zu verdienen. Und noch erstaunlicher, dass man ebenso wenig etwas tun kann, um sie nicht zu verdienen oder um sich selbst davor zu bewahren, geliebt zu werden. Das ist ein gläubiges Erwachen, das äußerst verschieden von jeder anderen religiösen Erfahrung ist, egal, wie tief geistlich sie scheinen mag. Es ist die Erkenntnis des wahren Selbst in der einfachen Entdeckung, dass man geliebt wird. »Siehe, meine Freundin, du bist schön! Siehe, schön bist du!«, lauten die Worte im vierten Kapitel des Hohen Liedes. »Du hast mir das Herz genommen mit einem einzigen Blick deiner

Augen.« Darin spiegelt sich die Liebe Gottes, der so mit empörender Vertraulichkeit persönlich zu jeder menschlichen Seele spricht.

Aufs Herz schreiben

Erinnert sich ein Mann an das erste Mal, als er die ihm noch fremde Frau in den Armen hielt, die *seine* Frau werden sollte, und hörte, dass er geliebt wurde? War er imstande, das zu verstehen, oder wagte er auch nur, es zu glauben? Und noch erstaunlicher, wurde ihm da klar, dass nicht nur die Frau selbst diese Worte aussprach, sondern der Herr durch sie? Fühlte er, dass es in Wirklichkeit Gott war, der ihm sagte, dass er ihn liebe, der ihm versicherte, dass es gut und richtig für ihn war zu leben und er selbst zu sein? Denn auch wenn er nicht vollkommen war, so war doch Gottes Liebe zu ihm vollkommen, und das war alles, worauf es letztendlich ankam.

Sicherlich regt sich diese Erkenntnis, wie unterschwellig auch immer, dann in zwei Menschen, wenn sie sich ineinander verlieben. Sicherlich ist die Liebe anderer Menschen zu uns eines der deutlichsten Zeichen, dass wir tatsächlich von Gott geliebt sind. Denn wenn jemand geliebt wird, wird er von Gott geliebt.

So ist die Liebe zwischen einem Mann und seiner Frau eine Teilnahme an der Liebe Gottes für die gesamte Menschheit. Jeder, der in dieses Wunder der ehelichen Liebe eingeführt wurde, kann durch eine belebte Straße laufen und in das unbekannte Gesicht jedes Fremden schauen, sei es ein Mann oder eine Frau, und an dem geheimen, erregenden Wissen teilhaben, dass jeder von ihnen zu einer bestimmten Zeit seines Lebens von einem anderen Menschen stürmisch geliebt worden sein mag, so wie man selbst von dem eigenen Gefährten geliebt wird. Jeder Fremde kann aus der aufregenden Perspektive betrachtet werden, dass er einmal einen Platz im Herzen eines anderen besetzt gehalten hat, der nie wieder anders ausgefüllt werden kann; dass er ein genauso besonderer und einmaliger Mensch für jemand anders ist wie der eigene Ehemann oder die eigene Ehefrau für einen selbst. Wenn ein Mensch geliebt hat, aber besonders wenn er geliebt worden ist, wird jeder andere auf der Welt liebenswerter.

So befreiend ist dieses Wunder des Liebens und Geliebtwerdens, dass es für Mann und Frau eine große Freude bedeutet, einander daran zu erinnern. Tatsächlich ist eine der wichtigsten Aufgaben, die ein Paar zu erfüllen hat, die Arbeit, einander ihre Liebe zu sagen, im Grunde als eine wundervolle Erinnerung daran, dass sie beide von Gott geliebt sind. Das wird nicht immer eine angenehme oder erfreuliche Aufgabe sein: Manchmal, wenn eine Frau »Ich liebe dich« sagt, möchte ihr Mann es nicht hören, zuzeiten kann er es fast nicht ertragen, es zu hören. Er ist es satt, das zu hören. Er will nicht darüber nachdenken, was es bedeutet. Er will das nicht loslassen, was ihn davon abhält, diese Worte anzunehmen. Er hat nicht die Zeit oder die Kraft zu antworten. Er will nicht damit belästigt werden. Es ist eine Verantwortung mehr, ohne die er sehr gut leben kann. Er ist nicht in der Stimmung, geliebt zu werden, geschweige denn jemand anderen zu lieben.

Dennoch und trotz allen Widerstands sind die Worte der Liebe wichtig. Es ist wichtig, dass sie gehört werden, und es ist wichtig, dass sie ausgesprochen werden, und zwar laut, egal wie schmerzhaft dieses Hören und Sprechen auch sein mag. Es ist ein wunderbares Erlebnis, wenn die Liebe die Kehle hochsprudelt wie Tränen, während man von der plötzlichen, stechenden Erkenntnis der Schönheit und der Güte des anderen gepackt wird und einem klar wird, wie unbegreiflich kostbar er ist.

Noch dringender als das Aussprechen der Liebe, die aus einem herausbricht, ist das Sprechen von ihr, wenn das Reden fast unmöglich scheint, sogar wenn die Worte herausgewürgt werden müssen wie etwas, das fälschlicherweise in die Luftröhre geraten ist und heraufgehustet werden muss, bevor man wieder frei atmen kann. Vielleicht ist die Zeit zum Reden eine Zeit des Unfriedens und des Verletztseins, oder vielleicht eine Zeit, wenn die tiefste und nicht zu korrigierende menschliche Schwäche des einen oder anderen schmerzhaft zutage tritt, wie ein zersplitterter Knochen aus der Haut hervorsticht. Zu solchen Zeiten kann ein »Ich liebe dich« wie eine Entschuldigung oder ein Bekenntnis donnergleich, unerwartet und erschreckend glanzvoll und unschuldig über die Lippen gehen, und es kann selbst *den* im Innersten überraschen, der es ausspricht. Denn durch die Sünde, kann wie durch Schönheit oder Güte wirkliche Liebe zum Ausdruck kommen, und das Erstaunlichste an einem Wort der Liebe ist, wie oft es tatsächlich trotz aller Umstände dem Ort der ursprünglichen Liebe entspringt und es immer irgendwie schafft, wahrhaftig, neu und aufregend zu sein.

Natürlich wird es auch Zeiten geben, in denen diese Worte hohl klingen, in denen sie aus dem Munde eines unbußfertigen Schwindlers oder eines Aufschneiders zu kommen scheinen. Aber im Großen und Ganzen sind die Worte »Ich liebe dich« äußerst bemerkenswerte kleine Dinger, ein Bekenntnis, das vielleicht mehr als alle anderen (inklusive »ich glaube«) den Sprecher zwingt, es auch so zu *meinen*. Denn sie haben den Charakter eines persönlichen Bekenntnisses, und sie ohne Aufrichtigkeit zu sagen, ist eine Selbstanklage, ein Schuldspruch, der das Herz zerreißt, und das jedes Mal. Und doch: Sie überhaupt nicht zu sagen ist ein schlimmerer Schuldspruch.

Wenn man darüber einen Augenblick lang nachdenkt, entdeckt man, dass das Leben im Glauben voll solcher Worte ist, Worte, die danach verlangen, ausgesprochen und gemeint zu werden, Worte, die von außen hohl erscheinen mögen, aber allein durch das Aussprechen geheiligt und mit Leben und Tiefe erfüllt werden. Trifft das nicht zu auf die ganze hohle, bedeutungslose Sprache des Gebets, das Sprechen von unserer Liebe zu Gott? Wörter sind tote und leere Dinge, bis sie gefüllt werden, und der einzige Weg, sie zu füllen, ist sie auszusprechen und von Herzen zu meinen. Und selbst dann mag ständige Anrufung nötig sein, bevor sie sich mit Bedeutung zu füllen und zu sinken beginnen wie ein langer, langer Regen in verdorrten Boden.

Aus den Zeiten menschlicher Unschuld

Und so müssen wir lernen, mit unserem Mund und unserer Stimme zu lieben, genauso wie mit unseren Augen, mit unserem Fleisch, mit unserem Herzen, mit unserem Verstand und mit allem, was wir haben, bis hinunter zu unseren Zehennägeln. Es gibt nichts an uns, das nicht lieben könnte, und das nicht zu lieben gerufen und dazu bestimmt wäre, zu reiner Liebe bekehrt, verwandelt und konzentriert zu werden. Sie ist das unschätzbare Guthaben, das übrig bleibt, wenn alle Selbstsucht restlos verbrannt ist.

Die Liebe ist mehr als eine Übung für die kommende Welt: Sie *ist* die kommende Welt. Sie ist alles, was wir in das Königreich Gottes werden mitnehmen dürfen. Sogar die Ehe selbst muss schließlich davon ausgeschlossen bleiben: »Wenn sie von den Toten auferstehen werden, so werden sie weder heiraten noch sich heiraten lassen«, lehrte Jesus, »sondern sie sind wie die Engel im Himmel« (Markus 12,25). Doch was auch immer das letztendliche Schicksal der Ehe als einer Institution sein mag – wir können sicher sein, dass die Liebe, die in ihr aufblüht, niemals verloren gehen wird. Auch nicht das kleinste bisschen Vertrauen, Geduld, Verständnis oder Hingabe, das die Ehe ein Paar auf der Erde zu üben und zu erhalten lehrt, wird im Reich Gottes vertan sein. Jedes kleine Gramm Liebe wird wichtig sein.

Aber wie kann die Liebe einer Ehe überleben, wenn die Ehe selbst vergeht? Wird es keine Wiedervereinigung von Frau und Mann in der Ewigkeit geben? Es ist schwierig, sich einen Himmel vorzustellen, in dem Liebende getrennt sein oder sich nicht erkennen werden, oder in dem die Liebe irgendwie von der Wirklichkeit der auf ganz einzige Weise geliebten Menschen geschieden sein wird. Im Gegenteil, wir glauben, dass die christliche Liebe innerlich auf dem Geheimnis der Individualität beruht, dass die höchste Liebe niemals etwas Abstraktes zum Gegenstand haben kann, sondern nur die Besonderheit einer Person.

Was an der Ehe ist es dann, das sie möglicherweise vom Himmel ausschließen könnte? Wenn wir die vielen Bilder von Hochzeit und Ehe in der Bibel betrachten, sieht es nicht danach aus, als würde etwa *keine* Ehe im Himmel stattfinden, sondern als hätte Jesus in Wirklichkeit gemeint, dass der Himmel *allein* aus Ehe bestehen wird. Tatsächlich können wir in der irdischen Ehe ein Zeichen und ein Versprechen dafür entdecken, dass in der Ewigkeit jeder mit jedem anderen verheiratet sein wird, in einer transzendenten und unvorstellbaren Verbindung. Jeder wird jeden anderen lieben mit einer Tiefe der Empfindung, die dem verwandt ist, was wir hier »verliebt sein« nennen, wenn wir davon ausgehen, dass ein Paar sein gesamtes Leben miteinander verbringt. Auf diese Weise ist christliche, eheliche Liebe (oder sie sollte es zumindest sein) so nah, wie wir es auch nur erfahren können daran, »ein Stück Himmel auf Erden« zu sein, denn sie ist ein echtes Überbleibsel aus dem Paradies. Sie ist etwas, das, in den schönen Worten des Anglikanischen Gebetbuches, »eingerichtet ward zu den Zeiten menschlicher Unschuld«.

Vertrautheit

»Hat der Herr euch nicht zu einem Leib und einem Geist vereint?«

Maleachi 2,15

Zwei in eins

Eine Ehe ist die engste Bindung, die zwischen zwei Menschen möglich ist. So war es zumindest ursprünglich beabsichtigt. Die Ehe sollte etwas Einmaliges sein, etwas, für das es kein Vorbild und keine Konkurrenz geben würde. Mit dem überwältigenden Schwung und der radikalen Selbstvergessenheit ihrer Hingabe sollte sie über jede andere Form menschlicher Verbindung auf der Erde, über jedes andere Band, das möglicherweise zwischen zwei Menschen geknüpft werden kann, hinausgehen. Die Zuneigung zwischen Freunden, zwischen Eltern und Kindern, zwischen Lehrern und Schülern – die Ehe sollte all diese anderen Bindungen in einer ganzen Konstellation bemerkenswerter Möglichkeiten übertreffen, eingeschlossen die Gleichberechtigung der Partner, ständige Hingabe, gemeinsame Wohnung, sexuelle Beziehung und die Herstellung einer lebenslangen Bindung durch einfache verbale Versprechen.

In ihrem ursprünglichen Entwurf war die Ehe eine Verbindung, die alle anderen Verbindungen einschließt, das allerletzte wie das erste Wort menschlicher Intimität. Sozial, rechtlich, körperlich, emotional und auf jede andere erdenkliche Art – es gibt keine Möglichkeit, näher an einen anderen Menschen heranzukommen, und es gab auch nie eine andere als die Ehe.

Solch außergewöhnliche Nähe hat ihren Preis, sie kostet nichts weniger und nichts mehr als das eigene Selbst. Keiner war jemals verheiratet, ohne vor der Riesenhaftigkeit dieses Preises und vor der monströsen Unbequemlichkeit dieser Sache namens Nähe erschrocken zu sein, die plötzlich in sein Leben eindringt. Bei der Hochzeit haben Braut und Bräutigam vielleicht die Zeremonie des Kerzenanzündens vollzogen, bei der jeder seine eigene Flamme ausbläst und dann beide zusammen eine einzige Kerze anstelle der beiden einzelnen anzünden; aber die bewegende Einfachheit dieses Rituals hat wenig gemeinsam mit dem tatsächlichen, alltäglichen Druck, der entsteht, wenn zwei Menschen eins werden. Es ist ganz etwas anderes, wenn die Flamme, die ausgelöscht werden muss, nicht das flüchtige Flackern einer Kerze ist, sondern der glühende Eigenwille und die Unabhängigkeit. Es gibt wirklich nichts, was diesem lebenslangen Ausätzen des Egos gleicht, das in der Ehe stattfinden muss.

Das ganze Leben ist auf die ein oder andere Weise demütigend. Aber nichts ist der Erfahrung vergleichbar, durch einen anderen Menschen gedemütigt zu werden, und zwar durch denselben tagaus, tagein. Das kann erschöpfend, entnervend, zermürbend sein und einen regelrecht rasend machen. Es gibt keinen Schmerz wie den, den man empfindet, wenn man einem anderen Menschen nahe ist.

Aber es gibt auch keine Freude oder wirklichen Trost außerhalb der Nähe, außerhalb der Freude und des Trostes, die wie Wein aus dem Zerdrücken und der Gärung zweier Leben gewrungen werden, die zusammengepresst worden sind.

Was einem Paar geschieht, wenn es sich verliebt, wenn es Hals über Kopf in diese Kelter der Nähe stürzt, ist nicht einfach, dass es den Boden unter den Füßen verliert: Mehr als das, der Boden, auf dem die beiden standen, die ganze Welt und der Grund ihrer eigenen, getrennten Identitäten wird hinweggefegt. Ein Mensch, der liebt, kann nicht umhin, in mancher Hinsicht ein neuer Mensch zu werden. Allein schon für fünf Minuten neben einem Fremden in der Schlange vor einer Supermarktkasse zu stehen, ohne eine Wort zu wechseln, bedeutet bereits, unwiderstehlich, unangenehm und auf rätselhafte Weise in den Schwindel erregenden Strudel eines anderen menschlichen Lebens zu geraten. Es bedeutet, zart angestoßen, festgehalten, hypnotisiert und angenagelt zu werden – auf eine Weise myriadenfach bewegt und beeinflusst zu werden, die schwer fassbar ist und selten untersucht wurde, aber dennoch machtvoll wirkt. Aber die Ehe nimmt diesen gleichen unergründlichen Magnetismus und steigert ihn zu einer unendlichen Kraft. Der allernächste Schritt menschlicher Nähe über die Ehe hinaus müsste darin bestehen, den ursprünglichen Mann und die ursprüngliche Frau zu verschrotten und ein neues menschliches Wesen aus beiden zu erschaffen.

Aber das ist genau das, was geschieht (sowohl symbolisch als auch tatsächlich), wenn ein Kind geboren wird! Die Eltern sterben schließlich und hinterlassen in dem Kind ein Zeichen der innigsten Bindung, die zwischen zwei verschiedenen Leben stattgefunden hat. Die beiden sind eins geworden: »Weil der Herr Zeuge war zwischen dir und der Frau deiner Jugend ..., mit der du einen Bund geschlossen hast. ... Denn er sucht Nachkommen, die Gott geheiligt sind« (Maleachi 2,14-15).

Wildes Grenzland

Man kann Eheleute als die Astronauten der Gesellschaft betrachten – die kühnen Forscher, die alle Testflüge in einer Art fortwährendem Experiment in den radikalsten Randbezirken menschlicher Beziehung absolvieren. Natürlich gibt es viele Zusammenstöße, viele Opfer in dieser Stratosphäre der Vertrautheit. Es ist ein äußerst gefährlicher Beruf, und zudem einer mit einer hohen Burnout-Rate. Er ist anstrengend, auszehrend und oft auch eintönig, und im Vergleich zur Weltraumforschung scheinen die Vorzüge, die er verspricht, auch nicht besonders verlockend zu sein.

Es wird keine Festumzüge zu Ehren der guten Ehefrau oder des guten Ehemannes geben, und viele Paare neigen tatsächlich dazu, genau die Aspekte der Ehearbeit zu vermeiden, die die größten Belohnungen versprechen. Besonders neigen sie dazu, all die Zeit zu bereuen, die sie miteinander »verschwenden« müssen; und nach ungefähr dem ersten Jahr ihrer Ehe haben sie langsam große Schwierigkeiten zu glauben, dass die überschwängliche zwischenmenschliche Extravaganz, die die Zeit ihres Verliebtseins kennzeichnete, wirklich noch erlaubt sein könnte, geschweige denn, dass sie notwendig wäre oder gar ein wunderbares Geschenk.

Dementsprechend werden große Mengen von Energie in andere Unternehmungen geleitet, in Freundschaften und gesellschaftliches Leben, in Karrieren, in das Erziehen des Nachwuchses (geheiligt oder anders geartet), in jede vorstellbare Richtung außer in die Richtung der Ehe selbst. Denn welcher mögliche praktische Zweck könnte darin liegen, jene systematische und unaufhörliche Invasion des Privatlebens fortzusetzen, die das Herz und die Seele, ja den Raketentreibstoff einer Liebesbeziehung darstellt? Überall sonst durch die gesamte Gesellschaft hindurch gibt es Zäune, Mauern, Alarmanlagen, geheime Telefonnummern, die durchdachtesten Vorsichtsmaßnahmen, um Leute in sicherer Distanz zu halten.

In der Ehe ist all das ins Gegenteil verkehrt. In der Ehe sind die Mauern abgerissen, und Mann und Frau leben nicht nur unter demselben Dach, sie schlafen auch unter der gleichen Bettdecke. Ihre Leben sind weit offen, und während jeder von beiden das Leben des anderen genau betrachtet und versucht, in irgendeiner Weise eine Antwort darauf zu geben, gibt es keine festgelegten Vorgaben, denen man folgen müsste, keine Formalitäten, auf die man pochen könnte. Ein Mann und eine Frau sehen sich über den Frühstückstisch hinweg an, und irgendwie müssen sie sich durch einen Nebel von Krümeln und Lockenwicklern und Ratenzahlungen hindurch begegnen. Das ist der ganze Sinn und Auftrag der Ehe. Alle möglichen anderen sind herbeigeträumt, Millionen von Ausreden sind erfunden worden, um von diesem zentralen und lebensnotwendigen Ziel abzulenken. Aber es bleibt eine Tatsache, dass die Ehe auf nichts anderes gegründet ist als auf den wilden Ringkampf von Seele und Seele, und dabei sind alle Griffe erlaubt. Es gibt keinen Regelkatalog dafür, kein Gesetz, auf das man pochen könnte, außer dem Gesetz der Liebe.

Während also die Ehe den Eindruck vermitteln mag, dass sie eine hoch strukturierte, formalisierte und traditionsgebundene Institution ist, ist sie tatsächlich die freieste und am wenigsten festgelegte und vorhersagbare aller menschlichen Beziehungen. Sie ist der Weltraum der Gesellschaft, das wilde Grenzland. Während sie scheinbar nur ein weiteres Zahnrad in der Maschinerie sozialer Ordnung ist, gibt es eigentlich nichts in der weltlichen Gesellschaft, was auch nur annähernd der Ernsthaftigkeit, der Allumfassendheit, dieser Unauflöslichkeit und dem schieren Wagnis der Ehe gleichkommt.

Gleichzeitig ist diese kleine Einheit, zusammengebunden durch einfache, kleine, absurd ausschließliche und doch revolutionäre Eheversprechen, das schlagende Herz der Gesellschaft. Denn es gibt keine Gesellschaft ohne sie. Ohne diese komischen männlich-weiblichen Dyaden, diese unwahrscheinlichen kleinen Pärchen, die (ob sie es gern zugeben oder nicht) füreinander in Liebe gestorben sind, würde alles andere in der Gesellschaft auseinanderfallen.

Wenn plötzlich die physikalischen Gesetze so wären, dass zwei ungleiche Atome nicht länger miteinander eine Verbindung von auch nur geringster Dauer eingehen könnten: Dann könnte es keine Materie, kein Universum, kein Garnichts geben. Alles hängt an der Fähigkeit zur Bindung, und die Ehe als der äußerste Fall menschlicher Bindung stellt *par excellence* die geheimnisvoll bindende Kraft menschlicher Beziehungen dar, von der alle anderen abhängen. Sie ist die kleinste aller

Organisationen, mit niemals mehr als zwei Mitgliedern, aber wenn es nur eine solche Organisation auf der ganzen Welt gäbe, würde ihre Bedeutung sofort strahlend offenbar werden. Sicher wäre ein solches Paar berühmter als Shakespeare, Martin Luther, der Papst oder ein Mann, der eine Gehirntransplantation hinter sich hat.

Aber auch so, wie es ist, nimmt die Tatsache, dass Ehen verbreiteter und zahlreicher als die Sterne sind, ihnen nichts von ihrer Bedeutung. Clubs, Bruderschaften, Kommunen, Gemeinden und Nationen – der grundlegende Anstoß und das Muster für sie alle ist das Modell der Ehe. Und doch wählt jede dieser Gemeinschaften nur einen Bruchteil der überirdischen Kraft menschlichen Zusammenhalts für sich aus, die in ihrer Vollständigkeit (oder zumindest in ihrer annähernden Vollständigkeit) nur in der ehelichen Einheit gegenwärtig ist.

Es ist nicht verwunderlich, dass alle Leute Hochzeiten lieben. Eine Hochzeit ist eine der ganz wenigen Gelegenheiten, bei denen man als Augenzeuge der Gründung einer wahrhaftigen, dauerhaften und wirklichen Bindung zwischen zwei Menschen beiwohnen kann.

In keinem anderen Bereich (sei es das Geschäftsleben, die Politik oder sogar die Freundschaft) ist das Eingehen einer freiwilligen Bindung so wirklichkeitsnah und entschieden, so dauerhaft, so klar und einfach. Die Ehe ist die einfachste (und auch trotz ihres schlechten Leistungsnachweises in den heutigen Statistiken immer noch die erfolgreichste und dauerhafteste) Form des menschlichen Traums von einer gelingenden Gemeinschaft in dieser Welt. Eine gute Ehe verwirklicht am ehesten den Traum von einem praktischen, strapazierfähigen und liebevollen Zusammenleben zwischen Menschen auf dieser Erde. Sie ist ein Zeichen, ein geistliches und soziales und politisches Beispiel für eine Tiefe der Liebe und eine Geduld und Bereitschaft zur Vergebung, die in anderen Bereichen des Lebens unbekannt ist.

Jedes Mal wenn eine Hochzeit stattfindet, werden die kühnsten Hoffnungen und Ideale der ganzen Gemeinschaft wieder belebt. Eine Hochzeit ist eine Grundsatzrede an den Kongress über menschliche Geschwisterlichkeit. Nicht dass so etwas wie eine vollkommene Gesellschaft auf dieser Welt je möglich wäre – aber dennoch hat man die instinktive Vermutung, dass umfassender Frieden sich nur erahnen lässt, wo Menschen zusammenkommen mit so etwas wie demselben Geist der Liebe, Einheit, Hingabe und Opferbereitschaft, der sich im Herzen einer guten Ehe wahrnehmen lässt. Die Ehe ist der Testfall und das *sine qua non* von Liebe und Geschwisterlichkeit in der Welt.

Aus all diesen Gründen sind gute Ehen die Grundsteine der Gesellschaft. Sie sind Samenkörner oder Zellgruppen, die auf das große Utopia der Menschheit hinweisen, das im Grunde ihre drängende Sehnsucht nach dem Reich Gottes ist. Natürlich ist die Kirche die wahre Botschafterin dieses Königreiches. Aber nicht einmal in der Kirche erweist sich in praktischer Hinsicht die Hingabe eines einzelnen Menschen an einen anderen als so allumfassend, so fleischlich, so tief, glühend und dauerhaft wie in der lebenslangen Zusammen-essen-schlafen-denken-Bindung der Ehe.

Stehen oder Fallen mit der Liebe

Obwohl die Welt Hochzeiten liebt, ist im Ganzen ihre Einstellung der Ehe gegenüber eher zwiespältig. Die Gesellschaft ahnt die große Bedeutung der Ehe und hat daher jede Anstrengung unternommen, um sie zu erhalten und zu schützen. Aber die Gesellschaft spürt auch, dass die Ehe eine mächtige Waffe zur Beförderung des Reiches Gottes ist, und dass sie für eine Tiefe der Intimität steht, auf die die Welt gemeinhin entschieden misstrauisch und ängstlich reagiert. Die Welt ist nicht auf Vertrautheit hin angelegt, sondern im Gegenteil auf Vereinzelung, und meistens schreckt sie vor dem Schmerz, der Ehrlichkeit und der Demut zurück, die tiefe menschliche Beziehungen kennzeichnen. Folglich hat die Gesellschaft stets versucht, die Ehe nicht nur anzupassen, sondern sie auch zu zähmen, zu kontrollieren, zu ritualisieren, in ihrer Bedeutung zu schmälern, zu belachen oder sie auf andere Weise ihrer beunruhigenden Kraft zu berauben.

So tendierte die ganze Geschichte hindurch die Ehe als Institution dazu, die Schachfigur von egoistischen und weltlichen Interessen zu werden. Sie wurde allen Zwecken unterworfen außer dem, den sie eigentlich haben sollte. Da gab es »arrangierte Ehen«, »gute Partien« und »Zweckehen«. Die Ehe wurde als das Akzeptable, das gesellschaftlich Verträgliche und günstige Mittel betrachtet, um den eigenen Status, eigene Bequemlichkeit, finanzielle Sicherheit, Macht und soziale Verbindungen zu verbessern. Oder man verfiel ins andere Extrem und die Währung der Ehe wurde entwertet durch exzessive Romantisierung, sexuelle Ausbeutung, nicht ernst gemeinte Eheversprechen oder die Sackgasse des ehelosen Zusammenlebens. Und durch die ganze Geschichte hindurch sind die stereotypisierten Rollen von Ehemann und Ehefrau die Zielscheibe einer besonders schalen Art von Humor gewesen.

Dennoch scheinen in unserer Zeit die Integrität und Lebendigkeit der Ehe im Aufschwung begriffen. Denn trotz der anstößigen Dekadenz der westlichen Kultur wird dort die Wichtigkeit der ehelichen Vertrautheit betont und auf eine Art verteidigt, die vielleicht einzigartig in der ganzen Geschichte ist. Niemals zuvor wurde bei uns erwartet, dass die Ehe eine so hohe Qualität von Beziehung zwischen zwei Personen hervorbringt. Niemals zuvor wurden hier Ehen so ausschließlich nach dem einzigen Kriterium der Liebe bewertet (was als das ausdrückliche Verlangen nach und das Versprechen von tiefer Vertrautheit verstanden werden kann). In den meisten Kreisen Europas und Nordamerikas wäre eine Heirat aus irgendeinem anderen

Grund als aus Liebe undenkbar, und genauso wird ein »Ende der Liebe« häufiger denn jemals als der allein ausreichende Grund für eine Scheidung betrachtet.

Während also zahllose Ehen auseinander brechen, gedeiht die Ehe selbst, nimmt edlere Ziele und Werte an, und viele der Paare, die wirklich zusammenbleiben, stoßen auf bemerkenswert neue Herausforderungen, während sie die Grenzen der persönlichen Begegnung auszuloten versuchen. Mit der Zeit, so scheint es, wird von der Ehe erwartet, völlig für sich zu stehen. Sie wird beurteilt jenseits aller anderen Überlegungen und Gegebenheiten als eine Vereinigung von Mann und Frau, in der Liebe alle anderen Werte an Bedeutung übertrifft und in der das Erreichen von Vertrautheit der einzige Maßstab von »Erfolg« ist.

Keine andere Institution auf Erden (einschließlich, wie wir gesehen haben, der Kirche) hat jemals auf praktische Weise unter dem enormen inneren Druck solch quälend hoher Ideale gestanden. Es gibt nichts anderes auf der Welt, das in den Augen der Menschen auf der Grundlage reiner, liebender Vertrautheit beruht. Andere Dinge gehen weiter, mit Liebe oder nicht. Aber eine Ehe ohne seelische und körperliche Vertrautheit (obwohl in anderen Abschnitten der Geschichte normal genug) ist heute fast so etwas wie ein Synonym für Hölle geworden.

Während dies eine moderne Entwicklung zu sein scheint, ist es keine moderne Wahrheit. Denn zu allen Zeiten und in allen Kulturen sollte die Ehe nach Gottes Plan eine monogame Einheit sein, die auf Liebe beruht. Wenn die Mehrehe zu alttestamentlicher Zeit erlaubt war, heißt das nicht, dass Gott jemals daran Gefallen um ihrer selbst willen fand, genauso wenig wie er »Vergnügen« an den Kriegen fand, die er selbst den Israeliten zu kämpfen befahl.

Es muss eine Unterscheidung getroffen werden zwischen dem, was Gott *will,* und dem, was er *wünscht.* Unter diesem Blickwinkel wird klar, dass die Mehrehe in der Bibel nie etwas anderes war als eine zeitlich begrenzte Maßnahme, ein notwendiges Übel, das um eines größeren Gutes willen gestattet wurde. Das größere Gut war in diesem Falle vielleicht die effektive Hervorbringung und Erziehung von Nachwuchs zu einer Zeit, als das Überleben Israels alles andere als gewiss war.

Wie dem auch sei, in der ganzen Bibel ist immer die monogame Liebe, die Vertrautheit zwischen *zwei* Menschen, die Seele der Ehe – ob im Bericht vom Garten Eden (wo Adam und Eva buchstäblich niemand außer dem jeweils anderen hatten) oder im Beispiel Abrahams (der offensichtlich Sara näher war, als er Hagar jemals sein konnte) oder im Fall des polygamen Königs Rehabeam. Der hatte, wie uns berichtet wird, »Maacha, die Tochter Abischaloms, lieber als alle seine Frauen und Nebenfrauen« (2. Chronik 11,21).

Es gibt kein Versteck

Wenn also die Ehe heute mehr denn je unter Erfolgsdruck ist und Paare in unserer Zeit vor einer völlig neuen Kategorie von Problemen stehen, wenn es bei uns mehr zerbrechende Ehen, Trennungen und Scheidungen als jemals zuvor gibt, dann deshalb, weil das Verlangen nach Nähe in der Ehe niemals vorher so überwältigend groß war. Seltsamerweise ist es gerade die Krise in der zeitgenössischen Ehe, die das sicherste Anzeichen für die Gesundheit des Ideals »Ehe« ist, und auf lange Sicht hin bringt diese Krise möglicherweise die Wirklichkeit der Ehe mehr in Einklang mit den Plänen des Herrn. Denn die moderne Ehe hat kein anderes Standbein mehr außer einfacher, nackter Liebe. Das ist heute ihre einzige *raison d'être*, das ist alles, was sie rechtfertigen kann, und davor gibt es kein Versteck in der Ehe, keinen Ausweg aus ihren quälenden Anforderungen.

Vielleicht wird es einfach im Lauf der Geschichte langsam immer klarer, dass nicht schlechthin irgendeine Liebe eine Ehe rechtfertigen und segnen kann, sondern nur die Liebe Christi. Denn *er* ist es, der Menschen zusammenbringt und zusammenhält; nicht sie selbst, noch irgendein Zufall oder irgendeine andere Macht oder Überzeugung unter der Sonne. Er ist der Herr der Ehe, und er hält den Schlüssel dazu in Händen. Das ist die Lektion, die die Welt mühsam lernt: Wenn du in einer Ehe nicht darauf vorbereitet bist, dich selbst der Liebe – und ganz besonders der Liebe Gottes – völlig hinzugeben, dann vergiss es! Es mag sein, dass die Ehe sich heutzutage als eine viel bedeutendere (und vielleicht auch eine viel seltenere) Berufung herausstellt, als je für möglich gehalten wurde.

Und so fliehen die Gottlosen in Massen vor der Ehe, und es ist das Normalste auf der Welt für moderne Männer und Frauen, dass ihr Leben regelmäßig durch die Qualen einer gescheiterten Liebesbeziehung nach der anderen zerbrochen wird. Welche Sicherheit auch immer einst in der weltlichen Ehe bestand, sie ist dabei, rapide in sich zusammenzufallen. Die entscheidende Endgültigkeit von Eheversprechen war dazu gedacht, Leute zu befreien, so dass sich ihre Lebensenergien nicht in endlosen Werbungsritualen unnütz aufzehren, im ständigen Hunger nach sexueller Erfüllung und in einer dauernden Suche nach »Sinn stiftenden Beziehungen«.

Aber wenn die Ehe ausrangiert oder entwertet wird, wie viel Zeit verschwenden Menschen dann erst auf ihre eigene Unbeständigkeit! Ihre Gespräche drehen sich um nichts anderes als um »Beziehungen«, und sie haben niemals eine, auf die sie sich wirklich verlassen oder in die sie dauerhaft Vertrauen setzen können. Anstatt mit *einem* Partner nach und nach an Reife zu gewinnen, gehen sie wieder und wieder die gleichen grundsätzlichen Dinge durch, die am Anfang jeder neuen Liaison liegen. Und bei dem allen ist ein gebrochenes Herz noch die gewöhnlichste Tragödie, sehr viel gewöhnlicher als eine Trennung durch Tod. Es ist eine gut nachweisbare Tatsache, dass der Kummer über eine gescheiterte Liebesbeziehung leidvoller als der Tod des Partners sein kann und vielleicht die traumatischste Einzelerfahrung ist, die ein Mensch durchleben kann. Der Schmerz, der nach einer Trennung einsetzt, ist oft um vieles dauerhafter und trostloser als der, der einem Tod folgt, und wenn auch nur wegen der Absichtlichkeit des Verzichts, der Unterdrückung des normalen Trauerprozesses und der hartnäckigen Vorstellung eines neuerlichen Zusammenkommens.

Es ist kein Wunder, dass Jesu Jünger, als er mit ihnen über die Scheidung sprach, schlossen: »Steht die Sache eines Mannes mit seiner Frau so, dann ist's nicht gut zu heiraten« (Matthäus 19,10). Heutzutage sehen wir keine offensichtlichen Beispiele dafür, dass der Herr Leute wegen ihrer Sünde tot umfallen lässt oder ganze Nationen dem Schwert übereignet. Aber es ist ziemlich klar, dass die Lebenskraft des Einzelnen durch den Hunger nach Vertrautheit und durch das Scheitern bei den Versuchen, sie zu erreichen, von innen heraus aufgezehrt wird.

Gerade während mehr Ehen als jemals zuvor zu Asche zerfallen, tritt die Einrichtung der Ehe selbst nicht nur unverletzt, sondern als eine höhere und reinere hervor, immer unversöhnlicher in ihren heiligen Forderungen, unerschütterbarer als je in den Grundfesten ihrer geheiligten Liebe. Das biblische Ideal von Ehe kann nichts anderes als ein Richtmaß für die moderne Gesellschaft sein, indem es die Sünde und die Bestechlichkeit der Herzen offen legt und die Armut an wahrer Vertrautheit in der Welt geradezu schmerzhaft klar zutage treten lässt.

Entdeckung und Enthüllung

Die Ehe ist für die menschliche Beziehung das, was der Monotheismus für die Theologie ist: die Entscheidung, alles auf eine Karte zu setzen, den Bankrott zu riskieren, den vollen Einsatz zu wagen. Gibt es irgendeine reinere, größere, radikaler selbstverleugnende Hingabe als die, seinen gesamten Glauben in nur einen Gott zu setzen, den Herrn über alle, und so, dass man ihm gleichzeitig zubilligt, einen unaufhörlichen Einfluss auf jede Ecke des eigenen Lebens zu haben? Auf der Ebene menschlicher Beziehungen gibt es nur einen Vertrauensakt, der sich diesem Entschluss vorsichtig annähern kann, und das ist die Entscheidung, an einen anderen Menschen zu glauben, und zwar so heftig, dass man sein ganzes Leben auf ihn verschwenden möchte.

Man bedenke die Furcht erregende Macht, die eine Ehe über jeden Aspekt des Lebens ausübt, zum Guten wie zum Schlechten: Schätzungsweise gibt es in den meisten Ehen Phasen, wo die Partner denken, man habe mit der Heirat einen grauenhaften Fehler begangen. Eine schlechte Ehe kann, wie bereits gesagt, das Schlimmste auf der Welt sein, und vielleicht ist das einzig schlimmere eine schlechte »Ehe« mit Gott. In beiden Fällen steht so erschreckend viel auf dem Spiel, denn es geht um die größten Qualitäten des menschlichen Geistes: Liebe, Vertrauen, Treue. Sowohl im Glauben als auch in der Ehe wird die Fähigkeit zur Hingabe auf die Probe gestellt, die Fähigkeit, unerschütterliches und ungeteiltes Vertrauen auf *einen* anderen zu richten. Denn wenn wir einem Menschen nicht trauen können, können wir auch zweien nicht trauen; und wenn wir nicht ein Leben lang vertrauen können, dann können wir es eben gar nicht. Ein einziger Akt des Verrats zerstört eine ganze Beziehung und tilgt all das Gute, das vorher war.

Wo kein tiefer und lebendiger Glaube herrscht an den einen allmächtigen Vater, dessen Liebe vollkommen ist, wie unbeständig wird da der Glaube eines Paares aneinander sein! In dieser Zeit des religiösen Synkretismus ist es sicherlich die Seltenheit der Bindung an Gott, die die Katastrophe für die Ehe erklärbar macht. Und um dabei zu bleiben, wenn wir nicht einem lebendigen Menschen treu sein können, den wir sehen und anfassen können – wie werden wir jemals einem unsichtbaren Gott treu sein?

Menschen besitzen kein Vermögen für irgendwelche Handlungsweisen, die noch über denen eines dauernden Glaubens und einer dauernden Liebe stehen, und das sind Qualitäten, die nur existieren, ja gedeihen können unter Bedingungen ungebrochenen Vertrauens. Mit anderen Worten: Es kann keine Liebe geben ohne dauerhafte Beziehung, und die höchste Ausdrucksform davon ist die eines Bundes: des allumfassenden, freiwilligen und unverbrüchlichen Paktes, der zwischen zwei Herzen geschlossen wird.

Sowohl der christliche Glaube als auch die Ehe haben sehr viel mit diesen Tiefen eines intimen Bundes und daher auch mit den Grenzerfahrungen persönlicher Begegnung und Enthüllung zu tun. Ein Mensch kann sich unter vielen Göttern verlieren, aber den einen wahren Herrn anzunehmen heißt, sich finden zu lassen. Ähnlich stellt sich die Entscheidung, in einer Ehe mit einem ständigen Partner zu leben, in tiefgründiger Weise als Annahme des eigenen Ich heraus. Denn je näher wir in den glänzenden und geheimnisvollen Radius einer anderen Person gezogen werden, desto mehr müssen wir selbst im Licht des anderen zum Vorschein kommen als das, was wir sind. Andere Menschen sind Spiegel, und wir sind gezwungen, uns selbst in ihnen zu sehen, nicht so, wie wir gerne wären, sondern so, wie wir sind. Wann immer wir uns losreißen, um in einem anderen Spiegel ein schmeichelhafteres Bild zu finden, gehen wir in Wirklichkeit der Wahrheit über uns selbst aus dem Weg.

Was an einer Ehe schwer ist, ist auch schwer an der Begegnung mit dem christlichen Gott: Es ist die Spannung, ständig im Licht eines anderen Gewissens als des eigenen zu leben, unter intimer Beobachtung zu stehen durch ein anderes Augenpaar. In Wirklichkeit fürchten wir das Urteil, den Eindruck, uns im Strahl eines moralischen Suchscheinwerfers zu bewegen. Das ist es, wovor wir zurückschrecken, bei Gott oder beieinander. Wir dachten, wir wären dem entkommen, als wir von zu Hause weggingen, die Aufsicht unserer Eltern hinter uns ließen und die seltsame neue Freiheit des Erwachsenenalters zu fassen bekamen, den süßen Nervenkitzel, niemandem Rechenschaft schuldig zu sein außer uns selbst. Aber die Ehe, wie wir bald zu unserem Leidwesen entdeckten, hat keinen Respekt vor solcher Unabhängigkeit, und genauso wenig der Gott, der unser wahrer Vater ist.

Verantwortlichkeit hat ihren Platz im Herzen der Ehe wie des christlichen Glaubens, und wo immer sonst in der Welt wir hinschauen mögen, kann es keine echte Vertrautheit ohne moralische Verantwortung geben. Die einzig mögliche Vertrautheit, ohne die das Leben eine schrecklich kalte, einsame und schale Angelegenheit ist, stellt sich als Zweikanalsystem heraus: Sie umfasst sowohl Entdeckung als auch Enthüllung. Wir sind unersättlich neugierig, alles über andere zu erfahren, die geheimsten Details ihres Lebens zu erforschen. Aber kein solcher Einblick ist möglich, bis wir selbst uns in aller Demut zu erkennen geben. Das schließt ein, dass wir in all unserer Verlogenheit und all unserem Stolz erkannt werden, in all der Zerbrechlichkeit unseres Menschseins und in der Schwärze unserer Sünde.

Wer möchte wirklich, dass ihn jemand anders *so* genau kennt? Wer wünscht sich, dass das ganze unbereinigte Dossier seines Lebens unter solch eingehende »Überwachung« gestellt wird? Und doch, so wird gespielt in der Ehe, wo auch die letzten Überreste der Intimsphäre gefordert werden – alles von den geheimsten Schlafzimmer- und Toilettegewohnheiten bis zu Heucheleien, Falschheiten und den winzigsten Schwankungen in Stimmung und Gedanken. Wenn ein Mann einen Pickel an intimer Stelle hat, dann wird seine Frau davon wissen, und nur seine Frau, und dasselbe gilt für die kleinsten Entstellungen seiner Seele.

Denn in der Ehe geht es nicht ums Versteckspielen. Ehe heißt, im Scheinwerferlicht zu stehen, unter der unaufhörlichen Überwachung durch einen anderen Menschen, so wie wir alle unter dem ständigen Blick des Herrn, unseres Gottes, sind. In der Ehe geht es um Nacktheit, Entblößung, Entwaffnung und die Grenzen der Vertrautheit. Es geht um einfache, ungeschminkte Wahrheit zwischen zwei Menschen, Wahrheit auf allen Ebenen und um jeden Preis, gleichgültig, welcher Schmerz oder welche Unbequemlichkeiten ertragen werden müssen, damit die Gewohnheit der Wahrheit Wurzeln schlagen, bewässert werden und der Reife entgegenwachsen kann. Die Ehe ist das Geschenk der Offenheit, des persönlichen Erkennens, das äußerste Mittel, das Gott zur Verfügung gestellt hat, damit Menschen einander kennen können. Nur auf zerfallende Ehen trifft zu, dass uns jemand anderes auf der Welt (einschließlich Eltern, Psychiater oder Beichthörer) besser als unser Ehepartner kennt und gleichzeitig einen tieferen Respekt für das in uns entwickelt, was niemand in der Lage ist zu kennen.

Die Rüstung der Kostbarkeit

Es ist daher nicht die Vertrautheit der Ehe selbst, die für die Welt so widerwärtig und einschüchternd ist, sondern eher das moralische Urteil, das mit ihr einhergeht. Die Menschen sehnen sich danach, einander nahe zu sein, fühlen sich aber zurückgestoßen von der Sünde, die solche Nähe unvermeidlich in ihnen aufdeckt: von den egoistischen Motiven, die demaskiert werden, von der Kleinlichkeit, die herauskommt, von dem monströsen neuen Spiegelbild des Egos, das zum Vorschein kommt, während es so Mitleid erregend darum kämpft, sich durchzusetzen.

Natürlich kann Gott Menschen das seltsame Verlangen geben, die ganze Wahrheit über sich zu erfahren, und die Stärke und den Mut, ein weit offenes und ungeschütztes Leben voreinander zu leben. Und wie macht er das? Wie verabreicht er uns diese bittere Pille, die mit großem Verlangen und mit Entschlossenheit umhüllt ist? Glücklicherweise ist diese Pille großzügig in das Geheimnis eingewickelt, das wir Liebe nennen, das Einzige im Himmel und auf Erden, das uns vor dem Entsetzen beschirmen kann, uns selbst wirklich zu kennen. So ist nämlich Gottes Liebe: Sie ist seine Rüstung, eine Rüstung aus Vergebung und Annahme, die wir über unserer Verderbtheit anlegen, eine Rüstung der Kostbarkeit und Würde, die unseren eigenen Unwert völlig bedeckt.

Gottes Liebe ist in bestimmter Hinsicht der Mut, im Angesicht unserer Sünde weiterzuleben, in vollem Bewusstsein darüber, wer und was wir sind. Die unerträgliche Erkenntnis unseres Wesens muss in der Tat gegen eine Erkenntnis des Herrn eingetauscht werden, und vor allem gegen die Erkenntnis seiner Macht, durch die Liebe seines gekreuzigten Sohnes Jesus Christus zu retten. Das bedeutet wahrhaftig »Christus anziehen«: seine Stärke, seine Reinheit und seine Güte annehmen, weil wir erkannt haben, dass wir selbst nichts davon haben. Eine solche Umwandlung unseres Wesens ist nur in der Tiefe einer liebenden Vertrautheit mit Gott in Christus möglich.

Und deshalb fügt in der Ehe der Herr einen Mann und eine Frau in der innigsten aller menschlichen Beziehungen zusammen, indem er ihnen seine Liebe als das Einzige gibt, was sie inmitten der quälenden Erfahrung der Selbstenthüllung beschützen kann. Diese Erfahrung sehnen alle Menschen herbei und fürchten sie gleichermaßen, mit einer Verzagtheit, die sich nur durch Liebe überwinden lässt. Nur die Liebe kann die ständige Bedrohung austreiben, dass der andere uns verurteilt und ablehnt, eine Bedrohung, die sonst alle Erfahrungen von Vertrautheit verfolgt und verdirbt. Die Menschen scheinen nicht imstande zu sein, das Urteilen über andere zu unterlassen, und im Schmelztiegel der Ehe kann das Urteil so übermächtig und bedrückend werden, dass die einzig mögliche Vergeltung in liebender Vergebung der Fehler des anderen liegt, und gleichzeitig in einer mutigen Entschlossenheit, die eigene

Sündhaftigkeit enthüllt, überwunden und durch die Liebe des anderen ersetzt zu sehen. In einer solchen Beziehung können Charaktere wirklich verwandelt werden, während jeder die guten Eigenschaften des anderen annimmt und die schlechten vergibt. Jeder ist dem anderen Rüstung, jeder ist des anderen Stärke und Kostbarkeit.

Während man jemand anderen entdeckt oder findet, verliert man sich gleichzeitig selbst. Das ist sicher kein Verlust der eigenen Identität, sondern lediglich der falschen Identität, die auf Eigenwillen gründet. Gott ist in Menschen in dieser Welt gegenwärtig, und indem wir so nahe an einen von ihnen herankommen, dass wir uns gerne dem Feuer seines Gerichts aussetzen, wird unser eigensüchtiger Wille erleuchtet und geläutert. Vertrautheit ist daher ein Feuer gerechter Reinigung, ein Feuer, das wir niemals ertragen könnten, hätten wir nicht die Gewissheit, geliebt zu werden. Diese Gewissheit kann nicht erkauft werden, außer zum Preis des Einzigen, was wir zu geben haben, und das ist unsere Treue, die Hingabe unseres ganzen Herzens aneinander.

In gewisser Hinsicht müssen wir daher andere zum Preis unseres Selbst kaufen, zum Preis schmerzhafter Selbstentblößung und Vernichtung.

Haben und Halten

Wenn wir einen anderen Menschen mit unserem ganzen Herzen erkauft haben, dann kann in gewissem Sinne von uns gesagt werden, dass wir diesen Menschen besitzen. Moderne Paare schrecken vor dieser Idee zurück, und in einer Ehe Besitz ergreifend zu sein, wird als Kardinalsünde angesehen.

Aber ohne das gibt es keine echte Ehe, und sogar in das englische Eheversprechen ist dieses seltsame und kraftvolle Wortpaar »to have and to hold« – Haben und Halten – eingebettet. (Damit nehmen die Partner einander »in Besitz« und versprechen gleichzeitig, ihr Glück und Wohlbefinden gegenseitig zu bewahren und zu fördern.) Wie Paulus sagt: »Die Frau verfügt nicht über ihren Leib, sondern der Mann. Ebenso verfügt der Mann nicht über seinen Leib, sondern die Frau« (1. Korinther 7,4). Besitz ist in diesem Satz ausgedrückt in der Kategorie sexueller Rechte, genauso wie Immobilienbesitzer gewisse ausschließliche Rechte über ihr Grundstück haben. Aber das Körperliche ist immer ein Zeichen für etwas Tieferes, und in der Ehe wird nicht nur der Körper gegeben, sondern auch das Herz. Ein Herz wird im Tausch für ein anderes gegeben, und in diesem gegenseitigen Einandergehören findet sich der tiefste und radikalste Ausdruck der Vertrautheit. Man könnte fast sagen, dass Liebe die totale Bereitschaft ist, im Besitz eines anderen zu sein.

Zugegeben, es ist schwierig, sich damit abzufinden, dass man einem normalen Menschen gehören soll, es ist sogar schwierig, das nur zu begreifen.

Aber deshalb braucht man dazu auch die hoch spezialisierten Bedingungen der Ehe. Die Ehe schafft in der Tat die einzigen rechtmäßigen Umstände, unter denen man sagen kann, dass eine Person eine andere besitzt. Solcher Besitz ist natürlich dazu gedacht widerzuspiegeln, wie Gott seine Geschöpfe besitzt. Indem wir einem anderen Menschen Besitzrechte über uns einräumen, können wir etwas davon ahnen, was es auf einer anderen Ebene heißt, Eigentum des Herrn zu werden, kein Zögern zu kennen, uns ihm hinzugeben, weil wir ja schon sein Eigentum sind.

Heißt das, dass man Gott vorwerfen kann, er sei Besitz ergreifend? Natürlich! Augustinus betet in einem der bewegendsten und schönsten Sätze der Weltliteratur so zum Herrn: »Zu deinem Eigentum erschufst du uns, und ruhelos ist unser Herz, bis es ruhet in dir.« Man kann dem nicht entkommen:

Gott hat uns für sich selbst erschaffen, er hat volles Recht über uns, wir sind sein Eigentum. Der Herr hat viele Namen, und einer von ihnen ist Eifersucht: »Denn du darfst dich vor keinem andern Gott anbetend niederwerfen; denn der Herr, dessen Name ›Eifersüchtig‹ ist, ist ein eifersüchtiger Gott« (2. Mose 34,14; Elberfelder Übersetzung). Brennt er nicht vor Eifersucht, wenn wir versuchen, seinem Anspruch auf uns zu entkommen und uns anderen Herren zu übergeben? Was für eine Liebe wäre das, wenn unser Schöpfer tolerant und leidenschaftslos dabei zuschauen würde, wie wir uns zerstören und uns von unserem eigenen Leben abschneiden? Denn der Herr weiß, dass er selbst unser Leben ist, und seine eifersüchtige Liebe zu uns ist deshalb ein Ausdruck der größtmöglichen Sorge um unser Wohlergehen.

Es gibt also eine Eifersucht, die rechtmäßig ist, die nicht etwa unvereinbar mit der Liebe, sondern in ihr enthalten ist. Und weil Liebe Liebe ist, gilt für menschliche Liebe dasselbe wie für die Liebe Gottes (oder zumindest sollte es so sein). Eifersucht in der Ehe ist manchmal legitim, denn jeder Partner weiß instinktiv, dass der andere unmöglich Ruhe oder Befriedigung außerhalb einer absoluten Loyalität finden kann, und darum sichert und bewacht er eifersüchtig des anderen Treue und damit des anderen Frieden. Genauso wie beide Eigentum des Herrn sind, genauso müssen ein Mann und eine Frau erkennen, dass sie einander gehören. In der Tat hat das Gefühl, den Ort gefunden zu haben, wo sie hingehören, sie vor allem anderen veranlasst zu heiraten. Mehr als ein »Zueinandergehören« ist das ein »Einandergehören«.

Die Welt kennt keine größere Macht als die, die offenbar wird, wenn ein Mensch der Besitz eines anderen wird. Genau das bezeichnet die Welt als »Macht«: die Kontrolle, die Autorität, den herrschaftlichen Einfluss einer Person oder Gruppe über eine andere. Darum geht es bei Kriegen, beim Regieren, beim Geld.

Aber die Macht, die die Welt an sich zu reißen versucht, bedeutet nichts im Vergleich zu der intimen »Herrschaft« eines Lebens über ein anderes, die von Gott in Liebe verliehen wird. Die Liebe ist die einzig wahre Macht, weil sie die einzige Macht ist, die keine Macht will, genauso wie sie der einzige Reichtum ist, weil sie der einzige ist, der es sich erlauben kann, sich selbst wegzuschenken.

Das Innerste der Vertrautheit ist dann erreicht, wenn zwei Menschen weder Angst noch Scham davor haben, von der Liebe in Besitz genommen zu werden, wenn sie sich bedenkenlos der reinen Freude und Freiheit des Einanderangehörens hingeben. Es bedeutet eine köstliche Entspannung und einen unaussprechlichen Frieden, zu wissen, dass einer in des anderen Arme gehört, und dass man gerade da nicht etwa vom Herzen des anderen verschluckt wird, sondern das Geheimnis der eigenen Identität sich eröffnet wie nie zuvor.

Denn unsere wahre Identität ist in der Liebe verborgen, in einer Liebe, die gar nicht existieren kann, bevor sie sich nicht selbst hergibt.

Als Joseph den Annäherungsversuchen von Potifars Frau widerstand, sagte er ihr: »Alles, was mein Herr (Potifar) hat, das hat er unter meine Hände getan; er hat mir nichts vorenthalten außer dir, weil du seine Frau bist« (1. Mose 39,8-9). Er hatte erkannt, dass ein Ehegemahl einem anderen gehört, dass man ihn auf keinen Fall jemand anderem geben kann, genauso wenig wie das eigene Leben. Denn die Ehe ist ein Zusammenpfropfen, ein Ineinanderpflanzen zweier Herzen, so dass sie fürs Leben voneinander abhängig werden. Ich sehe sie darin als Bild dafür, wie wir alle zu Jesus gehören, als Reben am Weinstock.

Das soll natürlich nicht heißen, dass ein Mann und eine Frau einander schlichtweg völlig besitzen, so wie sie Eigentum des Herrn sind. Aber sie gehören einander in der Tat mehr als alles andere auf der Welt.

Wenn ein Mann liebevoll in die Augen seiner Frau schaut, darf er ohne den Schatten eines Zweifels wissen, dass diese Augen und der Mensch hinter ihnen ihm gehören, auf eine Art wie sonst nichts auf der Welt – weder sein Haus, noch sein Auto, noch irgendein anderer materieller Gegenstand, weder seine Versicherung, noch seine Kinder, noch irgendein anderer Mensch. Sie gehört ihm, fürs Leben, und alles andere, was ihm gehört, kann ihm weitaus leichter weggenommen oder entfremdet werden als sie.

So radikal ist dieses extreme Einandergehören in der Ehe, dass nur der Tod sie trennen soll, wie nur die Liebe sie zusammenfügen kann. Die Erfahrung, sich zu verlieben, ist deshalb die, dass Gott einen Menschen einem anderen gibt. Nur er kann das tun.

Das Eheversprechen

»Wer nun sein Frau liebt,
der hat sich selbst angenommen.«
Epheser 5,28

Unmögliche Versprechungen

In einer Ehe werden nicht zwei Welten zusammengefügt, sondern es werden zwei Welten aufgegeben, so dass eine neue entstehen kann.

In diesem Sinne hält die Berufung zu heiraten den Vergleich mit Jesu Rat an den reichen jungen Mann aus, all seinen Besitz zu verkaufen und ihm nachzufolgen. Es ist eine Berufung, alles aufzugeben. Für die meisten Leute ist eine Ehe tatsächlich der rückhaltloseste Schritt, mit dem sie das Gebot Jesu erfüllen, den Nächsten wie sich selbst zu lieben. Denn jeder Ehepartner beginnt als ein Nächster, und oft genug als ein Nächster, der auf der Straße der Liebe geschlagen und verwundet zurückgelassen wurde, an dem der ganze Rest der Welt gleichsam vorbeigegangen ist. Was für ein seltsamer Impuls ist es, der uns dazu bringt, den ungeheuren Wert dieser einen Person zu erkennen, wie es kein Fremder jemals zuvor getan hat, bis zu dem Punkt, uns ihr in Liebe völlig hinzugeben, gar bis zum Tod!

Ein solcher Schritt kann natürlich nicht unternommen oder auch nur bedacht sein ohne die Liebe und Gnade Gottes, die dazu befähigt.

Selbstverständlich werden viele Ehen geschlossen und »halten« sogar, ohne bewusst oder gewollt Zuflucht zu Gottes Hilfe zu nehmen oder ohne irgendeine wie auch immer geartete Beziehung zu ihm. Aber es gibt keine dauerhaften Ehen ohne die ständige, geheime Anrührung durch seine Gnade. Sie erreicht zwei Menschen in der Form der geheimnisvollen Fähigkeit, dass sie eine Reihe von sehr unwahrscheinlichen Versprechen halten, die sie einander gegeben haben, Versprechen, die solche normalerweise flüchtigen Qualitäten wie Liebe, Respekt, Vertrauen und Treue betreffen.

Wie kann jemand jemals freiwillig versprechen, dass er sich in zwanzig Jahren noch um einen bestimmten anderen Menschen kümmern wird? Es ist eine Sache, deiner Freundin zu versprechen, dass du sie um acht Uhr abholen wirst; es ist etwas ziemlich anderes, ihr zu versprechen, dass du sie für den Rest deines Lebens lieben wirst. Die Eheversprechen sind simpel, aber bemerkenswert wegen ihres extrem hohen Anspruchs, wegen der Einfalt ihrer Selbstlosigkeit, und der Tatsache, dass sie sich häufig als die einzigen wahren Versprechen herausstellen, die jeder der Partner im ganzen Leben jemals macht, geschweige denn einhält.

So bemerkenswert sind diese naiven, kleinen Versprechen, dass nach nur einem Jahr (um nicht zu sprechen von zwanzig oder fünfzig Jahren!) ein Paar die Köpfe schütteln wird vor Erstaunen und Verwunderung darüber, dass beide ihr Wort gehalten haben, und sie werden es kaum noch glauben, obwohl sie wissen, dass es wahr ist.

Dennoch wird es völlige Verblüffung und Verwüstung auslösen, wenn es jemals dazu kommen sollte, dass die Versprechen gebrochen werden. Denn auf sehr wirkliche Art und Weise sind dies gar nicht die Versprechen des Paares, sondern die des Herrn. Wenn man ausschließlich auf menschliche Weise denkt, sind die Eheversprechen unmöglich: Sie sind unmöglich zu halten, und unmöglich ist es auch, ihnen wieder zu entkommen. Nur sehr naive Leute heiraten mit der Vorstellung, dass ihnen eine leichte Zeit bevorsteht. Aber die meisten vernünftigen Erwachsenen gehen an eine Ehe in dem vollen Bewusstsein heran, dass sie überhaupt nicht wissen, was sie da eigentlich tun. An welchen Gott sie auch immer glauben mögen – es steht alles in seinen Händen, und sogar ein Ungläubiger empfindet eine Hochzeit (wie ein Totenbett) normalerweise als eine Angelegenheit, die ernst genug ist, um insgeheim ein Gebet zu sprechen.

Wie auch immer, für Christen liegt ein gewisser Trost in der Tatsache, dass es nur wenige Institutionen gibt, die so unwahrscheinlich sind wie die Ehe, und dass diese Aufgabe alles in allem so unglaublich große Dimensionen annimmt, dass sie nur von Gott geordnet und erfunden worden sein kann; dass sie nur dann durch seine unendliche Gnade und Liebe mit einigem Erfolg ausgeführt werden kann und indem eine äußerste Hingabe an seinen Willen jeden Schritt des Weges begleitet.

Bewahrte Menschen

Die Ehe ist das populärste von allen religiösen Gelöbnissen in der Geschichte der Menschheit. So populär sind die Eheversprechen, dass viele Leute heutzutage sie gar nicht als Versprechen nehmen, sondern sie eher für eine Art besseren Volksbrauch halten, eines der kleinen Rituale im Leben, die man lieber mitmacht als boykottiert. Man sagt die Eheversprechen, wie man vor Gericht schwört. Wenn da etwas Ehrfurcht gebietendes um diese Prozedur schwebt, hat das mehr mit dem ernüchternden Gedanken an ihre bindende Gesetzlichkeit als mit irgendetwas Transzendentem zu tun.

Aber da sollte man sich nicht täuschen: Wenn ein Mann und eine Frau sich in der Ehe verbinden, ist das auch ein transzendentes Ereignis, das sich auf den wechselseitigen Austausch von Gelöbnissen gründet. Wie wir gesehen haben, sind diese Gelöbnisse die einzigen wirklichen Versprechen, die die meisten Leute jemals ablegen. Sie zu sagen braucht etwa dreißig Sekunden. Aber sie zu halten erfordert die Arbeit eines ganzen Lebens.

Ein Eheversprechen zu halten bedeutet nicht, es nie zu brechen. Wenn das der Fall wäre, so würden Eheversprechen am selben Tag gebrochen, an dem sie geleistet worden sind. Darin unterscheidet sich ein Eheversprechen von einem bloßen Versprechen oder einem Vorsatz. Ein Vorsatz, der einmal gebrochen wurde, muss entweder vergessen oder neu gefasst werden. Ein Eheversprechen aber bewahrt seine Kraft und Gültigkeit unabhängig vom Verhalten desjenigen, der es geleistet hat. Es ist nicht wie das Unterzeichnen eines Vertrages und genauso wenig wie irgendein anderes menschliches Versprechen. Ein Mensch kann nicht versprechen, einen anderen Menschen zu lieben: er kann es nur geloben. Ein Eheversprechen ist *per se* ein Bekenntnis der eigenen Unzulänglichkeit zu lieben und damit ein Anruf der einzigen vollkommenen Liebe, die es gibt: der Liebe des gnädigen und allmächtigen Gottes.

Ein Eheversprechen halten heißt daher nicht, es nicht zu brechen. Es heißt vielmehr, dass man den Rest seines Lebens daransetzt zu entdecken, was dieses Versprechen eigentlich bedeutet, und willens ist, entsprechend zu reifen und sich zu ändern. Ein Zeichen, dass ein Eheversprechen gehalten wird, so könnte man fast sagen, ist das Bewusstsein, wie weit man davon entfernt ist, es tatsächlich umzusetzen. Auf sehr konkrete Art ist es das Versprechen, das einen hält, und nicht umgekehrt.

Ein Versprechen kann einen Menschen zum Beispiel ehrlich erhalten, indem es ihm Tag für Tag seine schlimme Unehrlichkeit vor Augen führt, und er mag liebevoll bleiben, indem er täglich mit seiner eigenen Lieblosigkeit konfrontiert ist. Das Eheversprechen ist ein Geheimnis, ein unlösbares Rätsel, das einen Menschen korrigiert und gleichzeitig beschämt, indem es zu höheren Dingen anspornt. So ist ein verheirateter Mensch ein bewahrter Mensch, gehalten im sicheren Schutz von Versprechen, die zuvor vom Herrn gegeben wurden. Dies ist nicht der Schutz von Sicherheit und Bequemlichkeit; vielmehr ist es der Schutz einer unerschöpflichen Vergebung.

Durch wie viel Finsternis?

Die meisten Leute denken, dass die Liebe zweier Menschen zueinander das ist, was eine Ehe zusammenhält. Aber natürlich ist es nicht so. Wenn es um Scheidung geht, ist das letzte Hindernis, der Knoten, der noch zu lösen ist, nicht die Liebe, sondern das Eheversprechen, und das Ungültigmachen dieser Versprechen ist keine bloße Formalität. Es mag eine Formalität sein, weil es vor Gericht stattfindet, vor menschlichen Zeugen, aber in den Augen Gottes und in der praktischen Erfahrung des Paares wird es keine Formalität sein. Es gibt keine bloßen Formalitäten in Herzensangelegenheiten.

Während Liebe also da sein muss, wenn eine Ehe beständig und erfüllend sein soll, sind es praktisch gesprochen (und die praktische Ebene ist immer die tiefste und geheimnisvollste) die Eheversprechen, die die Sache wirklich zusammenhalten, indem sie die Liebe selbst befestigen. Natürlich ist das nur eine andere Ausdrucksweise für die Tatsache, dass Liebe nicht ein Gefühl oder eine Erfahrung ist, sondern ein Versprechen, ein Entschluss, ein Willensakt. Die Sprengkraft der Liebe mag als Ausrufezeichen empfunden werden, aber die Versprechen stellen eine Frage. »Wie hell scheint die Sonne!«, ruft die Liebe aus, während die Eheversprechen fragen: »Durch wie viel Finsternis bist du bereit zu gehen?« Ehen, die von der Liebe abhängen, zerbrechen oder können bestenfalls mit stürmischen Zeiten rechnen. Aber Ehen, die unausgesetzt auf ihre Versprechen zurückblicken, die vor Gott abgelegt wurden, und die es ihm anvertrauen, sie mit Sinn zu erfüllen, finden eine ständige Quelle von Kraft und Erneuerung.

Für Eheleute ist es sehr wichtig zu wissen, dass es immer einen Ausweg gibt. Und der Ausweg ist nicht eine Scheidung! Nein, der Ausweg in einer Ehe (egal, wie schlimm die Dinge werden mögen) ist, einfach alles, was wir haben, zurück auf einen Punkt zu bringen, unsere ganzen Herzen und Leben, so wie wir es in dem Moment getan haben, als wir die Eheversprechen ablegten. Wir müssen zu einer Haltung der völligen Hingabe zurückkehren, all unsere natürliche Vorsicht und Zurückhaltung über Bord werfen und uns in einem Willensakt ganz in die Hände der Liebe begeben. Anstatt der Liebe zu verfallen, müssen wir jetzt vielleicht auf sie zumarschieren.

Es gibt einen alten, sehr weisen und praktischen Ratschlag zur Ehe, der oft zitiert wird und besagt, dass Paare, die sich nicht mehr verliebt fühlen, wieder anfangen müssen, das miteinander zu tun, was sie taten, als sie frisch verliebt waren, auch wenn das bedeutet, ganze Sommerabende lang Seite an Seite auf der Parkbank zu sitzen und keine andere Unterhaltung zu haben als einander. Ursprünglich haben wir so was nur deswegen getan, weil unsere Herzen vom Gottesgeschenk einer enormen Wallung fiebriger Erregung und natürlicher Verliebtheit überflossen. Aber Gott interessiert sich eigentlich gar nicht für diese natürliche Anziehungskraft. Er will, dass wir seine eigene Art Liebe kennen lernen.

So kann es sein, dass wir zu einem späteren Zeitpunkt im Leben dazu angehalten sind, unsere ursprünglichen Taten der Liebe und Hingabe in der Ehe zu wiederholen, aber dieses Mal ohne viel Hilfe durch Gefühle und ohne jede Hilfe durch eine romantische Liebe. Es kann sein, dass es unsere Aufgabe ist, das ganz allein zu tun, aus purem Glauben und Vertrauen, vielleicht sogar ohne die spürbare Hilfe unseres Partners. Denn oft ist es Gottes Art, uns das, was er uns im Licht beigebracht hat, allein im Dunkeln wiederholen zu lassen.

Wir müssen das gar nicht notwendigerweise als »Kapitulation« vor unserem Partner betrachten, sondern eher als ein Nachgeben gegenüber den Notwendigkeiten der Ehe selbst und als Gehorsam gegen die einzigen beiden ausdrücklichen Anordnungen, die das Neue Testament in Bezug auf die Ehe gibt: dass sie ein Liebesbund sein soll, und dass es keine Scheidung geben darf (zwei Gebote, denen, wie wir gesehen haben, ungefähr gleiches Gewicht zukommen muss, so dass es wenig Sinn hat, dem Letzteren zu gehorchen und dabei das Erstere zu vernachlässigen).

Denn die Ehe, als eine durch Gottes Versprechen der Liebe geheiligte Einrichtung, ist eine so große Sache, dass sie einer vollkommenen Hingabe an sie sehr wohl würdig ist, egal, was für ein Sünder unser Partner geworden sein mag. Wenn wir uns an die Ehe aufgeben und an den Sünder, den wir einst unerklärlicherweise mit Gottes Hilfe fähig wurden zu lieben, dann geben wir im Glauben und in den Tiefen unseres Willens uns selbst an Gott auf. Das ist die Art von Tat, nach der wir in der Ewigkeit gefragt werden, wenn einmal all die oberflächliche Geschäftigkeit unseres irdischen Lebens vorüber ist. Wir müssen hier und jetzt lernen, das Unsichtbare zu sehen und das Unmögliche zu tun.

Die Ewigkeit wählen

Nur Gott kann uns vom Wechsel und Verfall dieser Welt erretten, denn nur er kann uns auch vor der Wechselhaftigkeit und der Dekadenz unserer eigenen wankelmütigen Herzen schützen. Wir selbst können kein Versprechen abgeben, dass nicht wacklig wäre; nur Gott kann das, und indem er es tut, gibt er uns einen Vorgeschmack dessen, was ewiges Leben bedeutet. Die Ehe ist eine der großartigsten irdischen Möglichkeiten, mit denen Gott Männer und Frauen befähigt, die Ewigkeit zu wählen. So können sie in seine eigene Unveränderlichkeit und Beständigkeit hineinwachsen, indem sie langsam die einzige Beständigkeit erwerben, die in einer Welt des Zerfalls möglich ist, und das ist die Beständigkeit des Herzens, die Beständigkeit liebender Treue.

Wenn wir durch die Ehe zulassen, dass der Herr uns lehrt, wie wir uns allen Versuchungen entgegenstellen können, den

Partner zu wechseln, jemand anderen zu lieben, wieder allein sein zu wollen, unser Herz zu verhärten oder unsere Liebe erkalten zu lassen, dann beginnen wir hier und jetzt, die Güte der Ewigkeit zu schmecken und an ihr teilzunehmen.

Dies ist nur möglich, wenn wir die Verheißungen des Herrn für die Ehe bewusst in Anspruch nehmen. Das Ablegen von Eheversprechen ist ein Akt des Glaubens. Wenn Menschen von Natur aus treu wären, wären Eheversprechen nicht notwendig; unser Ja wäre ein Ja und unser Nein ein Nein. Aber gerade weil Menschen an sich weder treu noch ehrlich noch liebevoll sind, müssen sie aufstehen und erklären, dass sie es sein werden. Die öffentliche Erklärung verwandelt sie nicht automatisch in wundervolle, tugendhafte Geschöpfe, die ihr Wort immer halten.

Im Gegenteil: Sie wird an den Menschen, die sie leisten, das völlige Fehlen persönlicher Tugend nur offensichtlicher und öffentlicher machen und die Zeugenschaft und Unterstützung der gesamten Gemeinschaft ihrer Freunde und Verwandten aufrufen sowie ihre Abhängigkeit von Kraftreserven unterstreichen, die völlig jenseits der menschlichen Reserven liegen.

Die Eheversprechen geben Gott die Ehre. Während es einerseits wahr ist, dass Mann und Frau an ihrem Hochzeitstag einen Schritt auf eine einzigartige Erfüllung des Gebots der Liebe hin tun, so ist es andererseits noch gewisser, dass die Ehe eine Ausgießung von Gottes Gnade ist, die es solcher Liebe erst ermöglicht, überhaupt zu entstehen. Das menschliche Paar zeigt demütig die Absicht, sich dieser Liebe zu übergeben. Aber es ist der Herr, der Liebe überhaupt möglich macht, und daher ist er es, der verspricht, dass sein Geschenk der Liebe nicht mehr weggenommen werden wird.

Daher muss niemand, der dieses Versprechen abgelegt hat (vorausgesetzt, dass das in gutem Glauben geschah), sich mehr Sorgen darüber machen, dass die Liebe »aufhören« könnte. Denn auch dort können wir auf Gott und seine Hilfe setzen. Auch wenn uns der Gedanke kommt, der Mensch, den wir lieben, könnte fett, hässlich, krank, altersschwach, arbeitsunfähig werden oder etwas Böses oder Peinliches tun. Denn wir haben versprochen, ihn unausgesetzt zu lieben, trotz aller Veränderungen und Widrigkeiten, trotz guter Zeiten, schlechter Zeiten, Reichtum oder Armut. Indem wir solche tollkühnen Versprechen gemacht haben, haben wir auch freimütig zugegeben, dass wir selbst sie nicht halten können, aber genauso freimütig haben wir unseren vorbehaltlosen Glauben an und unsere Abhängigkeit von Gott bekannt, der sie halten kann; Gott, dessen ganze Natur sich in Treue ausdrückt, das heißt im Halten anscheinend unmöglicher Versprechen an sein Volk.

Eine kirchliche Trauung macht sehr klar, dass keine wie auch immer geartete Sicherheit in menschlichen Leidenschaften oder Vorsätzen liegt, sondern allein in der Leidenschaft Gottes und in seinen Vorsätzen. Die Hochzeit ist eine zeremonielle Erklärung, dass Gott zwei Menschen zusammengebracht hat, und dass er es auch schon auf sich genommen hat, sie beisammenzuhalten. Es ist keine menschliche Macht, die sie zusammengefügt hat, genauso wenig wie eine menschliche Macht sie scheiden soll (Matthäus 19,6).

Die Hochzeit ist eine Annahme und Verkündigung von Gottes Vollmacht, im Leben von Sterblichen etwas von ewiger Bedeutung zu vollbringen, einzuschreiten und die Wankelmütigkeit des menschlichen Herzens zu durchkreuzen. Die Versprechen sind nicht eine Garantie dafür, dass zwei Menschen immer »verliebt« sein werden, sondern vielmehr dafür, dass sie durch Gottes Gnade und Stärke im Glauben nie aufhören zu »lieben«. Denn das, noch einmal, bedeutet christliche Liebe: nicht ein Gefühl, sondern ein Handeln, und nicht ein menschliches und begrenztes Handeln, sondern ein übernatürliches und ewiges.

Liebe ist eine tiefe, fortgesetzte, wachsende und sich stets erneuernde Willenstat, überwacht vom Heiligen Geist. Kein Gedanke daran, dass sie scheitern, aufhören oder jemanden im

Stich lassen könnte. Eine Hochzeit erklärt deshalb offen und kraftvoll, dass die Liebe nichts Romantisches an sich hat, nichts auch nur im geringsten Risikoreiches oder Veränderbares. Sie ist ein Geschenk Gottes, heil und ganz für immer, ein sicherer Fels.

Natürlich werden die, die sich stur weigern, dies zu glauben, es auch nie erfahren. Für sie werden die Eheversprechen bestenfalls ein höfliches und passendes Übereinkommen sein, schlimmstenfalls ein schlechter Geschmack im Mund, ein stechendes Messer im Herzen, später so viel Staub, der auf tragische und unerklärliche Weise durch faltig und steif werdende Finger rinnt.

Extravagante Einfachheit

Das Problem mit den meisten schwierigen Ehen ist, dass beide Partner versuchen, viel zu viele Dinge in der Welt zustande zu bringen, und dabei wie Martha in Lukas 10,42 das »Eine, was Not ist« vernachlässigen. Neben der Liebe Gottes ist das »Eine« mit Abstand Wichtigste im Leben aller Verheirateten *ihre Ehe,* die liebende Hingabe an ihren Partner. Nichts auf Erden darf Priorität davor beanspruchen, weder Kinder noch Beruf noch andere Freundschaften, und auch nicht Gemeindearbeit.

So offensichtlich es klingt, es kann sehr schwer sein, diese Rangordnung im Auge zu behalten. Denn sie läuft schließlich darauf hinaus, dass nicht nur der Schlechtigkeit und dem Egoismus im eigenen Leben ständig widerstanden werden muss, wenn man erfolgreich verheiratet sein will. Noch schmerzhafter und verwirrender ist es, damit fertig werden zu müssen, dass so viele gute und gesunde Dinge aufgegeben und verschoben werden oder im Sand verlaufen aufgrund von Forderungen, die die Ehe an einen stellt. Wie viele möglicherweise tiefe Freundschaften können wegen einer Ehe nicht fortgesetzt werden oder müssen zumindest ins Hintertreffen geraten gegenüber der vorrangigen Freundschaft mit dem Ehepartner? Wie viele wunderbare Aktivitäten werden von Ehepflichten unterbrochen, und wie viele gute Vorsätze und wohltätige Pläne müssen jeden Tag beiseite geschoben werden? Wie viel Energie, die sonst in den Dienst in der Kirche geflossen wäre, wird statt dessen zur Ehearbeit aufgewendet? Wie Judas Ischariot beim Anblick Marias, die kostbares Salböl über die Füße Jesu gießt, schreien wir auf: »Warum ist dieses Öl nicht für dreihundert Silbergroschen verkauft worden und den Armen gegeben?« (Johannes 12,5).

Was uns anstößig erscheint, ist die furchtbare *Verschwendung* in der Ehe, die Verschwendung unseres kostbaren Lebens, das über nur eine andere Person ausgegossen wird. Wir sähen uns selbst vielleicht gern als bedeutend für die Welt, als jemanden, der Tausende von Leben anrührt und beeinflusst. Wie groß ist unsere Frustration, wenn wir herausfinden, dass wir nicht einmal das einzelne Leben des uns nächsten Menschen ausreichend anrühren!

Wie auch immer, ein Teil des Geheimnisses um die Wirksamkeit und Kraft der seltsamen kleinen Eheversprechen liegt in eben diesem Skandal der Verschwendung, in dieser extravaganten Einfachheit der Konzentration auf nur eines. Denn die Ehe dreht sich um nichts weiter als um die lebenslange Verpflichtung, nur einen Menschen zu lieben – ein gutes, solides Stück Arbeit daran zu leisten, was auch immer man sonst tun mag, dass man diese eine Person liebt. Was wäre einfacher als dies? Es gibt nichts Einfacheres als Liebe.

Zugegeben, dass es das Allereinfachste auf der Welt ist, den Herrn, unsern Gott, zu lieben. Einen Menschen zu lieben ist ein bisschen komplizierter. Aber da kommt das Eheversprechen ins Spiel: Sein Zweck ist, alle Schwierigkeiten zu entfernen, die Menschen normalerweise ihrer Liebe zueinander in den Weg stellen, und so die Liebe auf ihre einfachsten und wirksamsten Bedingungen zurückzuführen. Während der Rest der Welt hinter grandiosen und unerreichbaren Idealen herläuft, gehen Verheiratete den bescheideneren, aber besser zugänglichen Weg, von Tag zu Tag füreinander zu sorgen. Das ist eine Aufgabe, die vom Standpunkt der Welt aus nicht sehr ruhmreich ist, die aber in den Augen Gottes kaum wichtiger sein könnte. Und es gibt keinen größeren Frieden und keine größere Erfüllung, als einige einfache Dinge um der Liebe Gottes willen zu tun, die Dinge, die er selbst uns ganz nahe gelegt hat.

Wenn Paare feststellen (wie sie es sehr gern tun), dass eine Ehe »Arbeit« erfordert, meinen sie vor allem, dass sie Zeit braucht; dass ihre Ehe ihnen kostbare Zeit raubt. Sie meinen, dass sie unglaubliche Größen, skandalöse Ausdehnungen, große, phantastische Klumpen und Haufen reiner, unbezahlbarer, unwiederbringlicher Zeit schluckt. Wie die Menge Benzin, die an eine große, PS-starke, glänzende, achtzylindrige Luxuslimousine verfüttert werden müsste, die sich ständig in voller Fahrt befindet. Du kannst keine Ehe auch nur für einen Tag in der Einfahrt stehen lassen, denn der einzige Grund für eine Ehe ist das Zusammensein. Sie ist eine Allianz der Liebe, und die Liebe ist ein geistiges Fahrzeug, eine Mondrakete, die schneller und weiter fliegt als alles andere unter der Sonne. Steig für einen Moment aus, und sie startet ohne dich in unbekannte Fernen; lass sie unbewegt, und sie beginnt zu rosten; vernachlässige sie, und sie zerfällt rapide. Es kann ein Vollzeitjob sein, nur ein Passagier in dem Ding zu sein. Aber ob es dir gefällt oder nicht, du und dein Partner, ihr seid zusammen drin, und zwar fürs Leben; und die Arbeit, in der Ehe vorwärts zu kommen, ist die lebenswichtigste Arbeit, die du tun kannst. In den Plänen des Herrn für die Welt gibt es keine wichtigere Arbeit als die an Beziehungen, und keine Beziehung ist wichtiger als die eigene Ehe.

Denn die Ehe wird unausweichlich zum Flaggschiff aller anderen Beziehungen. Das eigene Zuhause ist der Ort, wo Liebe zuerst geübt werden muss, bevor sie irgendwo anders wirklich geübt werden kann. Niemand hat gern Krach mit einem guten Freund oder mit seinen Schwiegereltern oder mit seinem Arbeitgeber, aber solche Schwierigkeiten kann man zumindest ertragen. Aber jede kleine Unstimmigkeit, die zwischen einen Mann und seine Frau kommt, kann beide innerlich zerreißen, und wenn das nicht der Fall ist, dann kann das nur an einer zunehmenden Gefühllosigkeit liegen, die sich auch auf all ihre anderen Beziehungen erstrecken wird. Mann und Frau sind »ein Fleisch«, und voneinander entfremdet zu sein, ist wie vom eigenen Körper entfremdet zu sein. Wie kann ein Mann, der Bitterkeit gegen sich selbst hegt, sich dem Rest der Welt gegenüber anders als bitter zeigen? »Wer seine Frau liebt, der liebt sich selbst«, sagt Paulus (Epheser 5,28). So fest hat Gott ein Paar in Christus zusammengebunden. Er hat geboten, dass die Barmherzigkeit, die christliche Liebe, zu Hause anfängt.

In solch radikale Vorgänge verwickelt uns dieses kurze Eheversprechen: Es setzt die Bedürfnisse eines kleinen, zerbrechlichen, liebenden menschlichen Geschöpfs gegen die Forderungen des ganzen restlichen Universums mit all seiner Dringlichkeit, Großartigkeit und Wichtigkeit, ohne Diskussion um die Rangordnung! Unser Ehepartner muss siegen. *Ein* Mensch siegt über viele, die bescheidene häusliche Sache kommt vor allen anderen wichtigen Sachen der Welt. Ja, Jesus hat auch gesagt: »Wenn jemand zu mir kommt und hasst nicht ... seine Frau, ... der kann nicht mein Jünger sein« (Lukas 14,26). Er könnte mit gleicher Dringlichkeit fortgefahren haben, es sei auch unmöglich, seine Frau zu lieben, ohne zuvor alle anderen Leute zu hassen.

Natürlich geht es hier nicht um Hass, sondern um die Rangordnung im Herzen. Wie das Taufversprechen bezeugt, dass der Herr Jesus den absoluten Vorrang im Leben eines Menschen einnehmen soll, so setzt das Eheversprechen jeden Partner in eine menschliche Beziehung, die fraglose Priorität über alle anderen Bindungen fordert. Das Eheversprechen macht es für jeden normalen Menschen möglich, so vollkommen und überwältigend wichtig im Leben nur eines einzigen anderen Menschen zu sein, wie jeder von uns es geheimnisvollerweise im Leben Gottes ist.

Liebe mit Zielrichtung

Das soll nicht heißen, dass die Ehe eine enge, nur auf sich bezogene Clique ist, eine Gesellschaft zur gegenseitigen Bewunderung ihrer zwei Mitglieder, von denen jedes alle verfügbare Energie in das Lieben nur einer Person stecken soll.

Im Gegenteil, jede Ehe, die ihre Versprechen lediglich als eine Verpflichtung gegenüber *einer* Person und nicht auch gegenüber der ganzen übrigen Menschheit begreift, ist es nicht wert, überhaupt eine Ehe zu heißen. Auf der grundlegendsten Ebene ist Ehe eine Vereinigung eines *Selbst* mit einem *Anderen,* und nicht nur mit *einem* Anderen, sondern mit allen Anderen: mit allem Anderen, das *anders* ist, mit allem, das nicht *Selbst* ist.

Man erkennt die Unmöglichkeit, eine solche Vereinigung unter den Bedingungen der Welt hervorzubringen, und dennoch bekundet man den Willen, genau das zu tun, eine Offenheit zu diesem letzten Ziel hin zu beweisen, und man macht einen praktischen Anfang mit der Ehe. Man versucht alles, um mit nur einem Menschen völlig vereint zu sein, und gibt so seine eigenen Grenzen zu, aber man glaubt daran, dass ein Anfang irgendwo gemacht werden muss, dass so eine Hingabe aus ganzem Herzen irgendwo stattfinden muss und *kann*, und dass ein solcher Schritt (nicht bloß symbolisch) einen wirklich besser befähigen wird, mit allen anderen in Liebe vereinigt zu sein.

Denn die Liebe gleicht nicht einem Fluss, der zwischen zwei Ufern eingeklemmt ist. Ihr ganzes Wesen ist überfließend. Ein Fluss, der nur halb voll ist, kann nicht überfließen, und ein ausgetrockneter schon gar nicht. Es geht also nicht darum, dass die

Liebe so belastend und zeitaufwändig wäre, dass sie auf das eigene Zuhause beschränkt bleiben müsste. Im Gegenteil, das Liebesversprechen an einen besonderen Menschen soll uns bis zum Rand mit Liebe auffüllen, soll uns gerade an die Tiefen der Liebe gewöhnen und uns so dazu *befreien,* viel mehr Liebe für andere zu haben als jemals zuvor. Denn es ist gerade nicht die Liebe zu Hause, die Zeit und Energie auffrisst, sondern eher der Mangel an Liebe. Das ist es, was wirklich verheerenden Schaden in unserem Eheleben anrichtet, uns in nie enden wollende Selbstbeobachtung verstrickt und uns die Energie raubt, andere zu lieben.

Indem wir ein Eheversprechen ablegen, tun wir in gewisser Hinsicht, was der Herr mit Abraham tat: einem Menschen eine Zusage der Liebe geben. Indem wir dieses Versprechen halten, spiegelt sich darin tatsächlich Gottes eigene Treue seinem ganzen Volk gegenüber, eine Treue, die von Anfang an dazu gedacht war, auf die ganze Menschheit überzuschwappen. Warum hat der Herr es in der großen Heilsgeschichte vorgezogen, seine Anstrengungen auf die besondere, durch einen Bund gefestigte Liebe eines erwählten Volkes zu konzentrieren und diesem Volk zu erklären, es solle »mein Eigentum sein vor allen Völkern« (2. Mose 19,5)? Hatte Gott nur für eine kleine Gruppe von Leuten genug Liebe zu vergeben? Ganz im Gegenteil! Vielmehr tat er es darum, weil Liebe nur Liebe ist, wenn sie erwählt, und wenn die erwählte Person der Gegenstand äußerster Zuwendung ist. Sogar Jesus zögerte, einer kanaanitischen Frau zu helfen: »Ich bin nur gesandt zu den verlorenen Schafen des Hauses Israel« (Matthäus 15,24). Aber gerade weil seine Botschaft an eine ausgesuchte Gruppe erging, konnte sie in die ganze Welt überschwappen. Es war nichts Vages oder Schwammiges an Jesu Liebe. Sie war nicht so ein schmalziges, universelles Gefühl, das theoretisch verlangt, »jeden zu lieben«, aber in Wahrheit niemanden liebt. Nein, Jesu Liebe hatte eine praktische Zielrichtung, und deshalb konnte sie überfließen zu all jenen außerhalb dieser direkten Richtung. Diese Liebe zielte nicht nur auf das Volk Israel, sondern im Besonderen auf eine kleine, abgerissene Schar inmitten Israels, und sogar auf eine spezielle Person in dieser kleinen Gruppe, »den Jünger, den Jesus lieb hatte«.

Obwohl Jesus selbst niemals heiratete, bildet seine Strategie konzentrierter Liebe dennoch das Vorbild für Paare und enthüllt Gottes eigene Vorgehensweise, seine eigentlichen Absichten für die Ehe. Er hat ganz klar geplant, mit der Ehe die Forderungen der Liebe so konkret zu machen, so dringend und besonders, so konzentriert und kraftvoll, dass sie unausweichlich werden. Auf seine eigene Weise macht er die Liebe so zur »Friss oder stirb«-Situation. Wie wir oben schon gesehen haben, ist die Ehe unvermeidlich eine Falle, eine unheimliche Falle, mit der zwei Leute in der absoluten Notwendigkeit gefangen werden, einander zu lieben. Im Ablegen des Eheversprechens haben sie sich quasi auf ein Ultimatum eingelassen: Liebe oder alles andere. Diese Falle ist seltsam und frustrierend und oft grausam schmerzhaft, aber die schlichte Tatsache ist: Liebt ein Paar nicht zuallererst einander wie jeder sich selbst, dann kann keiner von beiden wirklich sich selbst oder jemand anderen lieben. Aber wenn sie lieben, wird diese Liebe zu einem Feuer, das die Macht hat, alle um sie herum anzustecken.

Bundestreue

Die Bedeutung des Eheversprechens findet ihre Entsprechung im biblischen Konzept des Bundes, in dem zwei Parteien sich so aneinander binden, dass schon die Aufrechterhaltung ihrer Beziehung allein die wesentliche und wichtigste Angelegenheit im gesamten Leben wird, der Boden, von dem alles andere ausgeht. Das Festhalten am Eheversprechen ist nicht so sehr eine eingrenzende als vielmehr eine ins Weite führende Übung, ein

Abstecken der natürlichen Grenzen unserer menschlichen Fähigkeiten. Statt eingesperrt zu werden, werden wir freigelassen – freigelassen und geheiligt zur Erfüllung einer Aufgabe, die sich als die lebenswichtigste Arbeit der Welt herausstellt: zur Arbeit an einem Bund, an einer liebevollen Beziehung. Das mag uns als sehr fragwürdige Arbeit erscheinen, als eine Arbeit, für die wir selbst in unseren vollen Terminkalendern vielleicht nie vorher Zeit gefunden haben. Aber nichtsdestotrotz ist es eine Arbeit, die der Herr für wichtig hält – für so wichtig, dass er vielleicht das gesamte Leben mit der besonderen Absicht entworfen hat, die Freude an diesem Bund mit uns zu teilen.

So monumental wichtig ist diese Beziehungsarbeit in der Ehe, dass bei einem Menschen, der dazu berufen ist und sie nicht gut macht, das auch Auswirkungen auf all seine andere Arbeit hat, gleichgültig wie gut diese sein mag. Häufig ist es mit einem Vertrauensverlust verbunden, wenn ein Psychiater sich scheiden lässt oder ein Politiker in seinem eigenen Haus keinen Frieden hat.

Gott erwartet nicht immer, dass eine Ehe glücklich und erfolgreich ist. Was er will, ist nicht Erfolg, sondern vor allem die innere Bereitschaft zur Treue.

So müssen wir einander lieben, mit dem Gelöbnis einer Liebe, die nicht von Glück oder einem anderen äußerlichen Anzeichen von Erfolg abhängt. Wo soll eine solche Liebe ihren Anfang nehmen als bei dem Menschen, der uns am nächsten ist, dem Lebensgefährten, den wir selbst uns als unseren Augapfel erwählt haben unter allen anderen Menschen der Welt? Wenn wir den uns liebsten Menschen nicht durch all seine Höhen und Tiefen, Versuchungen und Veränderungen lieben können, wie werden wir jemals die Armen und Unliebenswerten und Vergessenen der Welt lieben? Gott gibt uns eine Liebe, die größer ist als alle anderen, die wir kennen oder jemals gekannt haben, eine Liebe, die (wenigstens am Anfang) vollkommen einfach zu erfüllen ist, eine natürliche und spontane

Liebe. Mir kommt es so vor, als sagte Gott zu uns: »Seht, wie einfach die Liebe ist, voller Freude und Freiheit! Nun nehmt dieses Geschenk zum Vorbild. Erhaltet und hegt es, und benutzt es als Licht, das all eure anderen Beziehungen erleuchtet. Denn ich will euch die Macht der Liebe beweisen und euch lehren zu lieben, wie ich es tue, unterschiedslos, damit ihr an meinem eigenen Leben in Fülle teilhaben könnt.«

Wenn wir innehalten, um darüber nachzudenken, ist es eigentlich viel seltsamer für Menschen zu lieben, als es nicht zu tun, und noch seltsamer, dass ein Mensch einem anderen ein Leben lang treu sein kann, anstatt ständig die Bezugsperson zu wechseln.

Letzteres ist einfach das Gewöhnlichere und eher zu Erwartende, und das heißt, dass eine dauerhafte Ehe ein lebendes Wunder ist. Sie ist Beweis genug dafür, dass es Liebe in dieser lieblosen Welt geben kann, und nicht nur, dass es sie gibt, sondern dass sie auch bestehen und wachsen kann gegen alle Widrigkeiten des Lebens.

Wenn zwei Menschen lieben können, dann lebt die Liebe – mehr als in allen Träumen von einer utopischen Gesellschaft oder in allen Friedensbeschlüssen der Regierungen und Organisationen der Welt. Eine liebevolle Ehe ist eine solide Garantie, dass, ganz egal, was sonst noch passiert, es wenigstens *etwas* Liebe in der Welt gibt.

Ehe oder Ehelosigkeit?

Wenn das alles wahr ist und die Ehe wirklich die reinste und gleichzeitig am nächsten liegende weltliche Metapher für die Bundesliebe des Herrn ist, warum scheint uns dann Paulus von der Ehe abzuraten? Warum stellt er die Ehe als Nachteil für Christen dar, als eine weltliche Pflicht, die nur dazu führen kann, dass man nicht mehr mit ganzem Herzen Gott dient?

Ein Buch über die christliche Ehe kann dieser Frage kaum aus dem Weg gehen.

Einerseits schreibt er: »Es ist gut für den Mann, keine Frau zu berühren«, aber andererseits: »Es ist besser zu heiraten, als sich in Begierde zu verzehren.« Und er fährt fort: »Wenn du aber doch heiratest, so sündigst du nicht ...; doch werden solche in äußere Bedrängnis kommen. Ich aber möchte euch gerne schonen ... Ich möchte, dass ihr ohne Sorge seid.« Abschließend schreibt er: »Also, wer seine Jungfrau heiratet, der handelt gut; wer sie aber nicht heiratet, der handelt besser« (1. Korinther 7,1+9+28+32+38). Worüber redet Paulus hier eigentlich? Warum kommt das schöne Band der Ehe gegenüber der Ehelosigkeit nur als Zweitbestes weg, und dabei sogar noch als eine Art Ventil für die Lust?

Manchmal, wenn wir in der Bibel lesen, kann es wichtig sein, nicht so sehr zu überlegen, was der Autor versuchte zu sagen (so sehr das auch als der Eckstein aller guten Exegese gelten mag), sondern eher, welche *Wirkung* seine Worte wahrscheinlich auf den Leser ausübten. Und was ist der Effekt dieses extrem vorsichtigen Ratschlags von Paulus, die Ehe betreffend?

Nun, er war sicher der Anlass für viel Schuld und Angst in christlichen Liebesgeschichten, für viele gelöste Verlobungen, für viele Keuschheitsgelübde. Aber bei genauerer Betrachtung hat dieser Rat auch oft zu einer »Gewissensprüfung« geführt: Zu einem tief gehenden und schmerzhaften Erfragen der Gründe für unsere eigenen Handlungen, Absichten und Erwartungen, und für die Gedanken und den Willen Gottes. Man kann diese Passage des Korintherbriefs nicht ernst nehmen und gleichzeitig ernsthaft erwägen zu heiraten, ohne dass die marternden Räder eines solchen Prozesses ins Rollen geraten. Dieses Kapitel ist und war schon immer ein Stolperstein für die, die es wagen wollen zu heiraten. Es zieht die Bremse, und das wirkt sehr verwirrend. Denn jeder, der sich jemals geradeheraus die Frage gestellt hat, ob Gott will, dass er heiratet oder nicht, weiß sehr gut, dass der Rat des Paulus an die Korinther in einer solchen Situation kein bisschen echte Hilfe oder Trost bietet. Wenn er etwas bewirkt, dann verwirrt und kompliziert er das Problem noch zusätzlich.

Aber genau darin liegt die Wirkungskraft dieser Worte. Paulus schafft hier die Freiheit für ethisches und theologisches Fragen, so dass der ernsthaft Suchende die richtige Antwort selber geben konnte. Letztlich ging es ihm nicht um das Festlegen von Gesetzen, sondern um das Öffnen des Herzens bei den Gläubigen, so dass sie selbst das Gesetz Gottes entdecken können, das darin schon geschrieben steht.

Wenige Christen sind so streng mit der Ehe verfahren wie Paulus in unserem Abschnitt des Korintherbriefs. Das ist keine Passage, die bei Hochzeiten vorgelesen wird! Viele haben ihr zum Trotz geheiratet, in Unwissenheit, Skepsis, völliger Verwirrung oder sogar in offener Ablehnung. Aber vielleicht illustriert das gerade die Spannung zwischen Christen und ihrer Bibel: Denn entgegen dem Dafürhalten vieler hat Gott uns die Schrift nicht geschenkt, damit wir ihr gehorchen; sie wurde uns vielmehr gegeben, damit wir dem Herrn selbst gehorchen. Der Irrtum der Pharisäer war ja gerade, dass sie versuchten, der Schrift buchstabengetreu zu gehorchen, und dass sie dabei die wahre Liebe zu Gott und seinem Dienst vernachlässigten.

Sicherlich kann dasselbe über viele christliche Sekten gesagt werden, die den Buchstaben des Neuen Testaments genauso missbrauchen wie die Pharisäer das Gesetz des Mose. Denn das Gesetz Gottes stellt sich ironischerweise überhaupt nicht als Gesetz heraus, sondern als Charta: als eine Erklärung von Rechten, Freiheiten und Privilegien.

Welche Freiheit erklärt die Schrift also in diesen Worten des Paulus an die Korinther? Offensichtlich die, dass der Christ völlig frei ist, sich selbst zu überlegen, ob er heiraten soll oder nicht. Und zwar so, dass der, der die Ehe der Ehelosigkeit vorzieht, wahrhaftig eine viel freiere Wahl trifft, die sehr viel vorsichtiger bedacht und tiefer ausgelotet ist, als sie es ohne die Warnungen von Paulus jemals hätte sein können. Auf eine gewisse Weise setzt Paulus seine Leser geradezu der furchtbaren Lebenswirklichkeit ihrer eigenen christlichen Freiheit aus. Er drängt sie in eine Ecke, in der die Entscheidung zu heiraten nur eine radikale sein kann, eine wagemutige und unkonventionelle Wahrnehmung der Wahlmöglichkeit, die uns Gott gegeben hat. Auf gewisse Weise erkennt Paulus den wahren Charakter der Eheversprechen als ein sehr überraschendes und risikoreiches Abenteuer an und rettet die Ehe davor, zu der tragisch abgestandenen und leblosen Institution zu werden, als die die Welt sie meist sieht. Paulus würdigt die Ehe nicht herab; er stellt Ehe und Ehelosigkeit als echte christliche Alternative dar.

Sex

»Und sie waren beide nackt, der Mensch und seine Frau, und schämten sich nicht.«

1. Mose 2,25

Ebenbild und Fleischwerdung

Manchmal frage ich mich, wie die Nudisten sich wohl fühlen: ob sie sich eigentlich jemals wirklich daran gewöhnen. Was mich angeht, so habe ich mich immer noch nicht daran gewöhnt, meine eigene Frau nackt zu sehen. Es ist fast, als scheine durch ihren Körper ein helles Licht, zu hell, um lange hineinzusehen. Ich kann die Augen nicht von ihr abwenden – und doch muss ich es tun. Zu lange oder zu neugierig hinzusehen ist, sogar bei ihr, eine Verletzung des Anstands, fast ein Verbrechen. Es ist nicht, als würde ich eine Blume anschauen oder mich an ein wildes Tier anschleichen. Nein, der Körper meiner Frau ist heller und faszinierender als eine Blume, scheuer als jedes Tier und atemberaubender als tausend Sonnenuntergänge. Für mich ist ihr Körper das großartigste an der ganzen Schöpfung.

Indem ich versuche, sie anzusehen, nur ihre wilde, herrliche Schönheit in mich aufzunehmen, die so frei und taufrisch, so nicht im Geringsten anders ist als am Anfang aller Zeiten (egal, was die Evolutionisten auch sagen mögen) – indem ich das tue, habe ich den Hauch einer Ahnung, was das bedeutet: dass Gott Männer und Frauen zu seinem Bilde geschaffen hat. Wenn sogar das Abbild berauschend ist, wie muss das Original erst sein?

In der Ehe lernen wir, dass Nacktheit zu unerschöpflicher Betrachtung einlädt. Wir können sie niemals wirklich »sehen«, sie niemals direkt ansehen, denn sie ist gleichzeitig sowohl eine Enthüllung als auch eine Dunkelheit, ein Offenbarsein und ein Geheimnis. Die schüchterne, aber heftige Neugier, die wir für andere menschliche Körper empfinden, wird uns unser ganzes Leben lang begleiten. Diese Wahrheit spiegelt sich unerfreulich in dem Mann, der ein Sklave seiner Lust ist, dem eine Stripperin oder ein Pornofoto niemals genug sind. Aber solche Augen- und Fleischeslust ist nur die Perversion einer völlig natürlichen und gesunden Neugier, gesund, weil der Herr selbst uns neugierig gemacht hat. Er hat uns das Fasziniertsein vom Leib des anderen eingepflanzt. Gott hat uns den nackten Körper in seiner strahlenden Herrlichkeit gegeben, und zwar nur, um ihn zu einem großartigen Vorboten seiner eigenen, unendlich viel glänzenderen Herrlichkeit zu machen.

Die Herrlichkeit des Leibes rührt noch von etwas anderem her, und das ist die Fleischwerdung Jesu. Denn Menschen sind nicht nur zum *Bilde Gottes* geformt, sondern er war sich auch nicht zu schade, einer von uns zu werden, als Mensch Fleisch anzunehmen. Mit anderen Worten, sogar dieses grobe Haut-und-Knochen-Bild Gottes ist geheiligt dadurch, dass der Herr ihm die Gnade gegeben hat, selbst darin zu wohnen.

Mit dem Kommen Christi in die Welt wurde Gott kompromisslos Fleisch. Als der Schöpfer zu seinen Geschöpfen kam, kam er nicht als Stern oder Blitz oder weißer Wal oder heiliges Buch oder nur als Geist, sondern als ein Mensch. Und nicht als viele Menschen, nicht als eine Reihe von Propheten oder göttlichen Kundgebungen, sondern in einem Individuum: im Messias, dem Heiligen Gottes.

Hätte man jemals sagen können, Gott wäre wirklich Mensch geworden, wenn er sich nicht auf eine einzelne Lebenszeit beschränkt hätte, auf die auch der Rest von uns beschränkt ist? Doch in diesem einen einzigartigen Leben, in Jesus, der Mitte der Menschheit, berührt das chaotische, verschlissene und heruntergekommene Fleisch dieser gefallenen, alten Welt die Ewigkeit auf vollkommene Weise und wird durch eine erstaunliche Gnade der Auferstehung in sie hineingezogen.

Nacktheit

Der menschliche Körper besitzt also eine Herrlichkeit, die auf der ganzen Erde einmalig ist. (Herrlichkeit im gewöhnlichen Sinne von »Ehrfurcht gebietender Schönheit«, aber auch in dem besonderen biblischen Sinne, dass sich der Glanz Gottes in ihm widerspiegelt.) Im seltsamen Glanz der Nacktheit wird diese Herrlichkeit am offensichtlichsten, am verführerischsten und am aufschlussreichsten. Mit der menschlichen Nacktheit wird etwas enthüllt und unseren Augen und unsere Seele gezeigt, das nirgendwo anders gesehen und auch nicht annähernd nachgeahmt werden kann. Bildlich gesprochen: Der Vorhang des Allerheiligsten wird zur Seite gezogen, und etwas kauert da im Halbdunkel, etwas ganz Vertrautes, das dabei doch seltsamer ist als ein Traum.

Menschen sind schließlich die einzigen Geschöpfe, die nackt sein *können*, die einzigen Geschöpfe, bei denen diese bizarre Entschleierung stattfinden kann. Denn die gesamte übrige Schöpfung, beseelt oder unbeseelt, ist grundsätzlich nackt. Die Bäume mögen in ihre herbstliche Pracht gekleidet sein – aber nur der Mensch zieht eine künstliche Bedeckung über seinen Körper. Alles andere steht splitterfasernackt vor dem Angesicht Gottes und schämt sich nicht.

Was ist es, das menschliche Nacktheit von aller anderen Nacktheit unterscheidet als etwas, das bedeckt werden muss? Was ist so krass daran, so roh und provokativ, so unerträglich und dabei gleichzeitig so wahnsinnig erregend? Warum all die Peinlichkeit und Heimlichkeit? Wie wurde jemals etwas so geheim an dieser offensichtlichsten Tatsache unserer gewöhnlichen Existenz, an unserem bloßen Fleisch? Kann man sich vorstellen, dass Bäume für *top secret* erklärt werden oder Felsen oder Flüsse geheime Körperstellen hätten, oder wir aus Scham nicht wagen würden, den Himmel oder das Gras anzusehen? Was ist diese Empfindung der Scham, die nur Menschen kennen? Wie kommt es, dass die Natur als alles beschrieben werden kann, was ohne Scham existiert?

Es gibt keine befriedigende Erklärung für dieses Geheimnis der Scham. Man kann nur sagen, dass es unauflöslich mit den beiden anderen Rätseln verbunden ist, die *das Böse* und *die Sünde* heißen. Das 1. Buch Mose verfolgt denn auch die Geschichte sowohl der Kleidung als auch menschlicher Sündhaftigkeit zurück auf einen gemeinsamen Ursprung: Die Entdeckung der Sünde und die Entdeckung der Nacktheit scheinen ein und dasselbe Ereignis gewesen zu sein. Vor dem Sündenfall »waren beide nackt, der Mensch und seine Frau, und schämten sich nicht« (1. Mose 2,25). Aber nachdem sie einmal die verbotene Frucht gekostet hatten, »da wurden ihnen beiden die Augen aufgetan, und sie wurden gewahr, dass sie nackt waren, und flochten Feigenblätter zusammen und machten sich Schurze« (1. Mose 3,7;).

Was dahinter steht, ist klar: Wir verhüllen uns nicht zuerst deshalb, weil wir sonst kalt oder nass werden. Im Paradies waren es nicht 40 Grad minus mit Schneesturm! Wir ziehen uns an, weil wir sündigen, und selbst die eleganteste Kleidung ist wie der Streifenanzug eines Häftlings, ein Zeichen und eine Erinnerung, dass der Mensch ein unheiliger Flüchtling ist, der sich vor Gott und seinen eigenen Mitmenschen versteckt.

Natürlich haben Leute Schlupflöcher gesucht und viele interessante und sensationsträchtige Möglichkeiten gefunden, moralische Gebote zu beugen, sich über sie hinwegzusetzen, ihnen zu trotzen oder sie auszuhöhlen. Aber Nacktheit ist ein mächtiger Zwang, der sich nicht leicht zähmen lässt. Er diktiert seine eigenen Bedingungen. Denn mit einem Menschen des anderen Geschlechts nackt zu sein, ist eine Art Bild oder symbolische Demonstration vollkommener Ehrlichkeit, vollkommenen Vertrauens, vollkommener Hingabe; und wenn das Herz nicht mit dem Körper gemeinsam nackt ist, dann wird die ganze Handlung zu Lüge und Spott. Das führt zur Verwicklung in einen absurden und tragischen Widerspruch: die Hingabe des Körpers, aber das Vorbehalten des eigenen Innern. Seinen Körper in einer persönlichen Begegnung zur Schau zu stellen ist, als erzähle man sein bestgehegtes Geheimnis: Es gibt danach kein Zurück, man kann nicht so tun, als gehöre das Geheimnis einem immer noch ganz allein und der andere wisse nichts. Es ist der letzte Schritt in menschlichen Beziehungen, und man sollte ihn daher nicht leichtfertig tun. Es ist kein Schritt, der tiefe Vertrautheit begründet, sondern einer, der sie voraussetzt. Als eine Geste, die symbolisch für vollkommenes Vertrauen und vollkommene Hingabe steht, benötigt die Nacktheit eine Umgebung völliger Hingabe, in der sie stattfinden kann. Sie benötigt die Sicherheit der vollkommensten Beruhigung und Verantwortung, die zwei Menschen eingehen können, und das ist keine andere als der Liebesvertrag der Ehe.

Vom Wiedergewinnen der Unschuld

Auch in der Ehe gibt es natürlich noch Beschränkungen und Tabus um die Nacktheit, es gibt auch hier Unwohlsein, Scheu und Scham. Denn die Sünde ist überall und »lauert vor der Tür« (1. Mose 4,7), und das besondere Bemühen der Sünde ist es, Vertrauen und Vertrautheit zu zerstören, Feindschaft und Entfremdung zwischen Menschen zu bringen.

Sogar das vertrauteste Ehepaar ist gezwungen, sich wie Adam und Eva in die Privatsphäre hineinzuflüchten und sich nicht nur vor dem Herrn zu verstecken, sondern auch – im normalen Tagesgeschehen – voreinander, einfach indem es sich anzieht. Das Licht der Nacktheit ist wohl zu blendend, als dass man sich darin sehr lange sonnen könnte. Dennoch, obwohl sie aus Eden verbannt waren, waren Adam und Eva nicht einer aus des anderen Armen verbannt. Das ist ein Garten, in den Gott immer noch Ehemänner und -frauen einlädt, und sie haben das Vorrecht, immer wieder dorthin zurückzukehren, um ihre Nacktheit zu enthüllen und von Geheimhaltung und Trennung geheilt zu werden.

Denn das Erste, was Adam und Eva erkannten, nachdem sie gesündigt hatten, war, dass sie nackt waren – und so wurde das Bedecken der Nacktheit zum Symbol für den Verlust der Unschuld, für den Verlust der Gemeinschaft mit Gott und miteinander.

Und wie die erste Sünde, der Hochmut, die Seele betrügt, indem er sie durch Überheblichkeit auf groteske Weise entstellt, betrügt die Scham vor Nacktheit den Körper, den sinnlichen Menschen, durch endlose Anklage und Lächerlichkeit. Die Scham nimmt das größte Werk aus Gottes Hand, sein Ebenbild, und versucht es zu verstecken oder es in etwas Schmutziges zu verwandeln, in etwas Demütigendes, Lächerliches oder Peinliches. Die Scham macht aus dem Menschen einen doppelten Narren – zunächst, indem sie ihn gegen seinen eigenen Körper und seine eigenen Gefühle ausspielt, und dann, indem sie ihm vorgaukelt, er könne sich tatsächlich verstecken. Und so versteckt er sich unter seiner schicken Kleidung (wie hinter seinem Lächeln), aber nichts ist wirklich versteckt; jeder weiß sehr gut, was sich darunter befindet.

Eine der wichtigsten Aufgaben, die der Ehe anvertraut wurden, ist die Arbeit, den Körper für Gott zurückzufordern, dasjenige wieder rein und klar und heilig zu machen, das in den Schmutz getreten wurde. Es ist wahr, dass es vielen Künstlern ein Anliegen war, einiges von der Heiligkeit und dem Adel des nackten Körpers zurückzugewinnen. Aber was sie mit Farbe versucht haben, tun Ehefrauen und ihre Männer mit ihren eigenen Körpern in einem unvergleichlichen lebenden Gemälde aus persönlichem Risiko und persönlicher Hingabe. Was die Schönheit des Fleisches angeht, sind Männer und Frauen die wahren Künstler, die wahren Bildner und Deuter des Leibes, denn sie sind mehr als alle anderen in der mit Liebe und Opfer erkauften Lage, den Körper so zu sehen, wie er wirklich ist.

Unter keinen anderen Umständen kann das große Vergnügen und Geheimnis der Nacktheit in völliger Unschuld von reifen Männern und Frauen so gründlich genossen und geteilt werden. Wenn die Ehe nichts als dies wäre, so käme ihr unter uns immer noch eine unbezahlbare und unersetzliche Rolle zu. Stellen Sie sich vor, wie es Satan beängstigen muss, beiseite zu stehen und zuzusehen, wie verheiratete Paare echtes Vergnügen und wirkliche Nähe und Liebe auf einem Territorium entdecken, das er für sein eigenes hielt!

Diese einzigartige Aufgabe, die Herrlichkeit der Nacktheit zurückzugewinnen und etwas von der unschuldigen Würde und greifbaren Größe des Leibes, wie er ursprünglich aus dem Staub von unserem Gott geschaffen wurde, zurückzufordern, gleicht besonders heutzutage der Anstrengung, aus einem Stück Stahlblech einen Goldbarren zu schneiden, einen Tempel aus einer Scheune zu machen. Es geht darum, unsere nackten Körper an den Schöpfer zurückzugeben, durch die einzige praktische Handlung, die uns zur Verfügung steht, nämlich indem wir uns selbst einem anderen Menschen in Liebe enthüllen und schenken.

Die einzige Möglichkeit, buchstäblich auszudrücken, dass etwas uns nicht gehört, ist, es wegzugeben, und die einzige Art und Weise, diese Geste des Schenkens wirklich großzügig und heilig zu gestalten, ist, sie in Liebe zu tun, und zwar so, dass sie nicht zurückgenommen werden kann. Mit anderen Worten, sie muss in Übereinstimmung mit Gottes Gebot geschehen. Dann lässt sie in aller Unvollkommenheit etwas vom menschlichen Zustand der Unschuld im Paradies ahnen: »Und sie waren beide nackt, der Mensch und seine Frau, und schämten sich nicht« (1. Mose 2,25).

Den Schöpfer berühren

Welcher Moment im Leben eines Mannes kann sich mit dem der Hochzeitsnacht vergleichen, wenn eine schöne Frau all ihre Kleider auszieht und sich neben ihm ins Bett legt? Was kann der Überraschung gleichkommen, wenn man herausfindet, dass die eine Sache, die die Menschheit vor allen anderen am einfallsreichsten und wirksamsten durch den Schmutz gezogen hat, in Wirklichkeit der unschuldigste Vorgang der Welt ist?

Bis jetzt haben wir von Sex nur in Beziehung zur Nacktheit gesprochen, als ob es dabei mehr ums Anschauen denn ums Berühren ginge. Und doch, wo sonst kann unser Tastsinn sich so verschwenderisch geben wie beim Sex? Nichtsdestotrotz, so abhängig Sex von der Berührung ist, ist er doch etwas, was wie die Lust in den Augen beginnt. Die erste Bewegung ist eine Bewegung der Augen, und der erste Kontakt ist Augenkontakt. »Das Auge ist das Licht des Leibes«, lehrte Jesus. »Wenn dein Auge lauter ist, so wird dein ganzer Leib licht sein« (Matthäus 6,22). Er sprach natürlich nicht über körperliche Augen, sondern über die Fähigkeit des »Sehens« als eines vernünftigen Begreifens. Wenn wir das richtige Verständnis der Dinge haben, werden die richtigen Taten folgen.

Im Hinblick auf Sex müssen wir mit einem richtigen Verständnis unserer Körper anfangen. Wir müssen fähig sein, in der Nacktheit zu »sehen«, was Gott mit ihr meinte. Nur wenn wir begreifen, dass unsere Nacktheit Ähnlichkeit mit der Erscheinung Gottes im Fleisch hat, dass unsere armseligen Körper der natürliche (im Unterschied zum transzendenten) Ausdruck von Gottes Herrlichkeit sind, erst dann können wir auch verstehen, dass wir auch beim Sex Gott nahe sind.

Es gibt eine Geschichte von einem jungen Pastor, der einen alten Einsiedler besuchen ging, der für seine Heiligkeit berühmt war. Spät nachts schlug der alte Mann vor, man solle zu einem

Spaziergang durch die Hügel aufbrechen. Im Freien unter den Sternen, während die Dunkelheit die beiden ganz umschloss, sagte der Einsiedler plötzlich: »Lass uns niederknien und beten« – was sie dann auch taten. Als er später die Geschichte weitererzählte, erinnerte sich der junge Mann: »Ich hatte Angst, meine Hand in der Dunkelheit auszustrecken, denn ich fürchtete, dann Gott zu berühren.«

So ähnlich ist es für einen Mann, einer Frau nahe zu sein, oder umgekehrt für eine Frau, einem Mann nahe zu sein: Es bedeutet, dass man die heilige Furcht kennt, die Hand auszustrecken und das zu tun, wonach man sich am meisten sehnt. Es bedeutet, Angst zu haben, nicht einfach vor einem gesellschaftlichen Tabu, sondern aus der plötzlichen Erkenntnis heraus, dass diese Sache zu heilig ist, dass man nicht gut genug dafür ist und niemals wird sein können. Es bedeutet, mit Zurückweisung zu rechnen und doch angenommen zu werden.

Aber wer ist gut genug, den Körper eines anderen Menschen geschenkt zu bekommen? Und wer hat keine Angst bei dem Gedanken, ein angemessenes Gegengeschenk dafür machen zu müssen? Sex ist nicht wie Händchenhalten (kein derart vernünftiges Verhalten): Sex ist mehr wie die Hände voller Hingabe abhacken und sie ins Meer werfen. Es ist, als wäre man im Dunkeln auf einem Berg und plötzlich näher, als man sich jemals erträumt hatte, an etwas, das so groß und vollkommen ist, dass man nicht mal anfangen kann, es zu begreifen. Und dann bewegt sich der ganze Berg – nicht weg, sondern immer noch näher. Sex bedeutet ein Gefühl zu erfahren, das sich in mancher Hinsicht wie Angst anfühlt, außer dass es unbeschreiblich köstlich ist.

Für viele Menschen ist Sex sicherlich die kraftvollste und bewegendste Erfahrung, die das Leben zu bieten hat, und auf eine überwältigende Art heiliger als alles, was in der Kirche passiert. Für große Massen von Menschen ist Sex die eine Gewalt, die Männer und Frauen tatsächlich völlig aus ihren gewohnten Bahnen kippen und sie, wie kurzfristig auch immer, aus ihrem eigenen Selbst herausheben kann. Und der eine Ort im Leben, wo der Löwe wirklich neben dem Lamm zu liegen scheint: der Löwe unseres verdorbenen, gewalttätigen und sündigen Fleisches neben dem Lamm der Liebe und der Unschuld. Wie der irische Dichter Yeats dieses Paradox ausdrückte: »Die Liebe nimmt Wohnung inmitten des Kotpfuhls.« Sex ist eins der Dinge, die einen Menschen sozusagen auf die Knie zwingen können.

Alles, was einem Menschen in der Sterblichkeit ständig unter die Nase gerieben wird, ist auch dazu imstande, sein Herz zu Gott zu heben, und wahrscheinlich sind keine anderen Ereignisse auf Erden so wirkungsvoll in dieser Hinsicht wie das große Trio aus Tod, Gebet und Sex.

All das sind Dinge, die Gott geschaffen hat. Er schuf Sex, so haben wir Anlass zu vermuten, eigens damit es schwierig für den Geist des Menschen würde, sich irgendetwas vorzustellen, was irdischer, demütigender oder begehrenswerter wäre, und ihm somit eine ständige Erinnerung an sein wahres Wesen mitzugeben. Aber auch, um ihn in einer höheren Natur und in seinem Schicksal zu unterrichten.

Engel und Tier

Es war sicherlich Gottes volle Absicht für das körperliche Beisammensein von Mann und Frau, es zu einem der Gipfelerlebnisse des Lebens zu machen, zu einem jener Höhepunkte zugleich körperlicher und seelischer Verzückung. Wie tragisch ist es daher, dass genau an diesem Punkt, hier in dieser kostbaren Begegnung des Männlichen und des Weiblichen, Leute es geschafft haben, zu einigen der abgrundtiefsten Schichten menschlicher Entwürdigung herabzusteigen. Doch was für ein hoher Preis wird auch nur für das mindeste Schäbigmachen eines Geschenks bezahlt, das so voller Schönheit, Gnade und Kraft ist!

Sex ist unausweichlich einer der heiligen Orte im Leben, eine Wegkreuzung von außergewöhnlicher geistlicher Intensität, wo einfache, doch gewaltige Entscheidungen getroffen und gelebt werden, Entscheidungen, die erdbebenartige Auswirkungen auf jede Einzelheit des Lebens haben. Die lockerste sexuelle Beziehung kann wie ein großes Seebeben sein, und ihre langsamen und unergründlichen Flutwellen nicht nur in jede Ecke der Leben der Liebenden selbst aussenden, sondern auch durch das gesamte Netzwerk von Familie und Freunden erstrecken. Sex ist eine Gelegenheit, bei der Menschen sich so mühelos in Tiere verwandeln, wie ein Magier den Zauberstab bewegt, oder bei der sie befreit als Kinder Gottes leben können. Sex ist, auffälliger als andere Bereiche, der Ort, wo Engel und Tier im Menschen sich von Angesicht zu Angesicht gegenüberstehen.

Die Ehe ist die einzige Waffe, die der Mensch gegen diese brutale Leidenschaft besitzt, gegen die erbarmungslose und primitive Energie, die gedankenlose biologische Sprengkraft des bloßen Sexualtriebs. Die Ehe ist natürlich selbst nicht ein Zauber, der automatisch die Zivilisierung, die Heiligung oder auch nur die Regulierung des Geschlechtsverkehrs bewirkt. Vielleicht ist es nur wenig schwieriger für Sex, in der Ehe zu vertieren als außerhalb. Aber das Wort *wenig* ist wichtig: Denn sogar wenn jedes Ehebett auf Erden geschändet würde: Allein die Existenz eines bloßen Konzepts Ehe, als Überbleibsel aus längst vergangener Zeit, als ein unerreichbares Ideal von Treue und Reinheit in sexuellen Beziehungen, würde weiterhin glühende Kohlen auf das Haupt der Lasterhaftigkeit häufen.

Manche Leute mag es beunruhigend anmuten zuzugeben, dass der fleischliche Körper eine bedeutende Rolle für das geistliche Leben spielen kann. Aber auf Gläubige und Gottlose trifft gleichermaßen zu, dass das körperliche Dasein der Ort ist, an dem geistliche Wahrheit gelebt werden muss. Während Sex nicht der einzige Aspekt der ehelichen körperlichen Beziehung ist, ist er in meinen Augen doch der wichtigste, der Eckstein für alles andere von Lächeln und täglichen kleinen Gesten der Zärtlichkeit bis zu Taten der Großzügigkeit und des Opfers. Was Intensität, Bereitwilligkeit und Leidenschaft angeht, ist das körperliche Liebesleben oft immer allen anderen Ausdrucksmöglichkeiten der Liebe eines Paares weit voraus. Der Rest der Ehe hinkt hinterher, und auf mancherlei Art besteht die Herausforderung eines Ehelebens zuweilen einfach darin, in allen anderen Bereichen mit der reinen Verzückung ihrer besten Erlebnisse körperlicher Begegnung Schritt zu halten.

Wenn Paare sich einander immer so geben könnten, wie sie es taten, als sie sich zuerst leidenschaftlich umarmten, oder wie sie es in ihren großartigsten Erfahrungen mit Sex oder auch nur während ihres normalsten Beischlafs tun, dann wären ihre Probleme gering. Was für große und tiefe Wahrheiten, was für erschütternde Bekenntnisse und Vertrautheiten gehen zwischen den Herzen von Mann und Frau hin und her, wenn sie miteinander im Bett liegen! Es mag mehrere Stunden einfühlsamer Nähe und Geduld gebraucht haben oder vorsichtige Erkundungen und buchstäblich Hunderte von Küssen und Umarmungen und Streicheleinheiten und zarten Berührungen zwischen Ehefrau und Ehemann, bevor sie imstande waren, in einen Ort von Ehrlichkeit, Einfalt und nackter Sicherheit einzutreten in den Ruhepunkt völligen Vertrauens im Herzen des heiligen Ortes, der ihre Sexualität ist.

Aber die vielleicht äußerste Bewährungsprobe ihrer Liebe ist, ob sie an diese Zeiten fast vollkommenen Gebens und Annehmens glauben können, an sie glauben können, als an die wahren Zeiten, die heiligen Zeiten, die man niemals im Nachhinein unter dem Stress und Druck des Alltags bezweifelt oder von sich weist oder vergisst, sondern auf die man baut, die man als Vorbilder nimmt für das, was die Liebe ausmachen muss (und was sie ihrem Wesen nach wirklich ist), indem man diese Samenkörner der Vertrautheit, die so liebevoll ins Gedächtnis des Fleisches eingesät wurden, lebendig erhält und wachsen lässt.

Gleichzeitig sollte klar sein, dass man sich nicht darauf verlassen kann, dass Sex zu Liebe wird, sondern dass er nur aus ihr heraus wachsen kann. Und auch wenn Probleme in einer sexuellen Beziehung manchmal einfach durch eine bessere Kenntnis grundlegender körperlicher Gegebenheiten oder durch die Einführung neuer »Techniken« beseitigt werden können, werden solche Verbesserungen kurzlebig sein, wenn sie nicht von grundsätzlichen Verhaltensänderungen auf der emotionalen und geistlichen Ebene begleitet werden. Denn Sex ist eins jener Geheimnisse, das, wie das Gebet, nicht einer bestimmten Technik gehorcht, und jeder Versuch, ihn in ausschließlich technischer Hinsicht zu meistern, wird von Anfang an zum Scheitern verurteilt sein.

Was das Sexualleben wirklich fordert, ist das liebende Geschenk des eigenen Selbst, die ehrliche Hingabe des ganzen Herzens. Wo das der Fall ist, verlieren Probleme wie Impotenz, vorzeitige Ejakulation oder Unfähigkeit zum Orgasmus ihre alles überschattende Wichtigkeit. Nur die Liebe kann wirklich mit solchen Dingen zurechtkommen (und sie heilen), aber ohne Liebe werden selbst das größte Können und der größte Erfolg in der körperlichen Liebe so viel wirkliche Befriedigung hervorrufen wie ein Mund voll Sägespäne.

Kurz, wo es sexuelle Probleme in der Ehe gibt, lässt sich die Antwort normalerweise nicht auf den Seiten eines Handbuchs finden. Vor und neben aller anderen Hilfe, die Eheleute in Anspruch nehmen, sollten sie sich einzeln und gemeinsam mit ihren Problemen an Gott wenden. Denn da der Herr der Erfinder des Sex ist, ist es seine Therapie, die am ehesten in Anspruch genommen werden muss.

Vive la Différence!

Schließlich stellt sich heraus, dass die Kraft oder das Phänomen, das wir Sex nennen, grundsätzlich das gleiche Phänomen ist wie das der Ehe selbst: das der Anziehungskraft gegensätzlicher Pole. Eine der größten Herausforderungen, die eine Ehe zu bewältigen hat, ist die, dass die Partner diese ihrer Beziehung innewohnende Gegensätzlichkeit annehmen und den Polen erlauben, zu existieren und eher in einem gewissen Sinne voneinander *getrennt zu bleiben*, als immer danach zu streben, sie zusammenzuzwingen. Wie wir noch sehen werden, werden die Charaktere der Partner sich einander immer mehr angleichen. Und doch: Aus Zweien zu einem Fleisch zu werden bedeutet nicht, dass aus einer Hand plötzlich ein Fuß würde. Vielmehr bedeutet es, dass Hand und Fuß zusammenarbeiten, anfangen das Gleiche zu tun, in die gleiche Richtung zu streben.

Es ist sehr gefährlich, in einer Ehe auch nur für einen Moment zu vergessen, dass der Partner ein Mensch vom anderen Geschlecht ist. Das mag grotesk klingen, aber genau darauf läuft es tatsächlich oft hinaus: So wie das Zusammenleben manchmal die psychologischen Unterschiede zwischen Menschen steigern kann, kann es die anatomischen einebnen. Dieselbe tiefe Vertrautheit, die der Kern einer Beziehung ist, kann ihr heimtückischster Feind werden, denn sie kann ein Paar zu der Annahme verleiten, dass man einander in jeder Hinsicht sehr viel ähnlicher ist, als das tatsächlich der Fall ist. Ständiges Zusammensein, Vorhersagbarkeit des Verhaltens und einfach die Routine des Alltags – all das sind Faktoren, die ständig die eindeutige Unterscheidung zwischen Mann und Frau zu verwischen drohen, die doch das Salz der Ehe ist und auch zuallererst der Anlass für das ganze Drama der Anziehungskraft war. Das Ergebnis ist, dass Paare sich über dieselben Unterschiede streiten, die sie anfangs faszinierten, oder nach Annäherung in Bereichen streben, wo sie nicht mal wünschenswert ist.

Also kann es für einen Mann wichtig sein, sich daran zu erinnern, dass seine Frau ein von ihm selbst ungeheuer verschiedenes Wesen ist, nicht einfach eine andere Person, sondern eine *Frau*: fast so fremdartig wie ein Wesen von einem anderen Planeten! Natürlich ist die Frau nicht im Mindesten ein fremdartiges Wesen, sondern ein Mensch. Dennoch ist sie auf eine andere *Art* menschlich als der Mann, und das heißt, sie hat natürlicherweise eine andere Art, die Dinge zu betrachten, andere gedankliche Kategorien, andere Schattierungen von Gefühlen, ein paar andere Bedürfnisse, und so weiter. Einiges an ihr wird ihm einfach deshalb fremd sein, weil sie eine eigene, von ihrem Mann verschiedene Person ist; aber diese Fremdheit wird vergrößert oder vielmehr gewinnt ein völlig neues Gesicht durch die Tatsache, dass sie eine Frau ist und kein Mann.

Wenn man vergisst, dass das andere Geschlecht wirklich anders ist, kann es dazu kommen, dass Männer Frauen verachten, weil sie eben keine Männer sind, und umgekehrt. Im Grunde ist das nur ein Aspekt davon, dass Menschen ständig auf die Annahme hereinfallen, sie stünden in einer Beziehung zueinander, wenn sie sich in Wirklichkeit allein auf sich selbst beziehen. Und da haben wir schon die perfekte Neurose im Kleinstformat.

Deshalb sollten wir uns daran erinnern, dass ein Magnet zwei Pole hat, und wenn nicht, so hat er seine Kraft verloren. Zu dieser traurigen Situation kann es auf vielerlei Art in einer Ehe kommen, aber eines der auffälligsten Warnsignale ist es, wenn einer der Partner sich vom anderen nicht mehr körperlich angezogen fühlt. Dann hat der Magnet seine Zugkraft verloren, und übrig bleibt nichts als ein unnützer Klumpen Alteisen. Diese wesentliche Anziehung hat nichts mit Jugend oder Sexappeal oder den gängigen Schönheitsidealen zu tun, auch wenn das gemeinhin so gesehen wird.

Die Institution der Ehe ist nicht nur auf dem Prinzip begründet, dass Männer und Frauen voneinander abhängig sind, sondern dass auf einer sehr viel tieferen und geheimnisvolleren Ebene Männlichkeit und Weiblichkeit voneinander abhängen und aufeinander beruhen. Es kann keine Männlichkeit ohne Weiblichkeit geben, und Weiblichkeit ohne Männlichkeit wäre ebenfalls unmöglich zu bestimmen. Die Ehe, und besonders die bizarre und schöne Hochzeit miteinander vereinigter nackter Körper, ist auf sehr knappe und wirklichkeitsnahe Art eine Bestimmung der Menschheit: »... und schuf sie als Mann und Frau« (1. Mose 1,27).

Das verkleidete Tanzpferd

Außer einer Möglichkeit, den Menschen zu definieren, ist der Geschlechtsverkehr seltsamerweise auch eine Möglichkeit, Gott zu definieren. Denn Gott den Urheber des Sex zu nennen, wie wir es oben getan haben, heißt nicht nur, dass er ihn erfunden hat, so wie er alles andere auf der Welt erfunden oder erschaffen hat. Es heißt vielmehr und wichtiger, dass körperliche Liebe ihren Ursprung in Gottes Gedanken hat.

Am Anfang waren ja schließlich die zwei Geschlechter schon in einem Körper zusammengefügt, und um sie in zwei Individuen zu trennen, musste der Herr einen chirurgischen Eingriff vornehmen: »Da ließ Gott der Herr einen tiefen Schlaf fallen auf den Menschen, und er schlief ein. Und er nahm eine seiner Rippen und ... baute eine Frau« (1. Mose 2,21-22). Die Frau ist nicht aus Staub oder aus Nichts erschaffen, sondern wurde vielmehr aus dem Mann herausgenommen.

In jedem Fall sind es das Männliche und das Weibliche zusammen, die zum Ebenbild Gottes geschaffen sind, in einem tieferen Sinne als jedes von ihnen allein, und der Geschlechtsverkehr ist geblieben als ein Emblem und ein echtes Überbleibsel des ursprünglichen Zustands der Menschheit, wie sie zuerst aus dem Staub erstand, frisch von der Hand des Herrn gebildet.

Und während ein unverheirateter Mensch ganz selbstverständlich in einem einzelnen Körper auf das ewige Leben zugehen kann, verpflichtet sich das verheiratete Paar, diese gleiche Reise in dem zusammengefügten Körper der Ehe zu unternehmen. Sie werden jeden Schritt zusammen tun oder gar nicht erst losgehen. Sie sind *ein Fleisch*, und sie müssen lernen, so zu denken und sich zu bewegen. Kein Wunder, dass die Welt einer jungen Ehe ganz genauso fremdartig ist wie die eines neugeborenen Kindes!

Die Leute werden beispielsweise die Kinder eines Ehepaares immer wieder begucken, um festzustellen, welchem Elternteil sie denn nun ähnlich sehen. Vielleicht versuchen sie in Wirklichkeit auf geheimnisvolle Weise, das Paar selbst auseinander zu halten; zu trennen, was untrennbar ineinander verwoben ist. Nicht dass diese Deckungsgleichheit aus dem Fleisch des Lebens immer eine sehr offensichtliche oder bemerkenswerte Tatsache wäre; aber sie wird auffällig in der Geburt eines Kindes oder zu anderen Zeiten der Krise oder der Entblößung, zu Zeiten, wenn die verborgenen Wirklichkeiten unserer Leben plötzlich und dramatisch an die Oberfläche treten. Zum Beispiel wird sie klar wie der helle Tag, wenn einer der Partner stirbt. Dann wird es vollkommen sichtbar, wie viel des eigenen kostbaren Lebensblutes man auf das Herz eines anderen verspielt hat, und wie hoch man im Moment, so scheint es, die Wette verloren hat.

An jedem Punkt auf der Reise der Ehe kann der Herr beschließen, uns den wegzunehmen, an den wir uns aufgegeben haben, und so ein Verlust wird zunächst nicht wie der Verlust eines anderen Menschen empfunden, sondern viel eher wie der Verlust eines Teils von uns selbst. Ein verwitweter Mensch ist jemand, der geblendet worden ist, oder jemand, der ein Körperteil verloren oder kein Gefühl mehr in den Nerven hat. Es steht dem Herrn, und nur ihm, an, eine solche Wunde zu heilen, »die Stelle mit Fleisch zu schließen«.

Funkenflug

Weder im Tod, noch bei der Geburt eines Kindes, noch sonstwo ist die unauslöschliche Verbundenheit des Ehepaares klarer, sichtbarer und fühlbarer als im Geschlechtsakt.

Die Bibel verspricht nicht, dass in und aus der Ehe ein Paar »ein Geist« wird oder »ein Herz«, sondern sie lehrt sehr emphatisch, dass zwei Personen zu »einem Fleisch« werden. »So sind sie nun nicht mehr zwei, sondern *ein* Fleisch«, erklärt Jesus (Matthäus 19,6), und Paulus hält sogar noch ausdrücklicher fest: »Oder wisst ihr nicht: wer sich an die Hure hängt, der ist *ein* Leib mit ihr?« (1. Korinther 6,16).

Also offensichtlich ist es nicht das Eheversprechen allein; auch der Geschlechtsakt und das gemeinsame Leben bringen diese außergewöhnliche Einheit hervor.

Beischlaf ist eine Aktivität, die (ausschließlich bei Menschen) einer systematischen Berührung und Liebkosung jedes Quadratmillimeters zweier Körper nahe kommt, und eine, bei der Mann und Frau fast buchstäblich das Innerste nach außen kehren müssen, damit sie stattfinden kann. Wenn das nicht wirklich vor sich geht, so ist es zumindest das, wonach die Liebenden anscheinend streben, indem jeder es darauf anzulegen scheint, die eigene Haut auszuziehen und sie um den anderen zu wickeln. Sex ist ein Walzer der Zellen über die polierte Tanzfläche des Fleisches. Es ist fast so, als sollte jedes Atom eines Körpers jedem Atom eines anderen Körpers gegenüber in einer Eins-zu-eins-Entsprechung aufgereiht werden, um dann die Reihen kräftig miteinander zu verreiben. Und wie da die Funken fliegen!

Es ist kein Wunder, wenn so viel allein auf biologischer Ebene passiert, dass das, was mittlerweile der Seele ins Ohr geflüstert wird, kein nichts sagendes Geplauder ist. Im Gegenteil geht es um fast alles, um so viel, wie von einer ganzen Person an Körper und Seele möglicherweise in eine andere hineingequetscht werden kann. Was sichtbar und körperlich beim Sex passiert, kann nur in den tiefsten Kammern des Temperaments, der Seele und des Geistes widerklingen.

Unausweichlich heißt das, dass totale Nacktheit zwischen zwei Menschen besteht: Nacktheit nicht nur des Fleisches, der Berührung, der Augen, sondern auch der Gefühle, der Gedanken und allerkleinsten Seelenbewegungen.

Wir mögen das Entfernen unserer Kleidung nicht als Enthüllung unserer Gedanken und unseres Charakters sehen, aber genau das passiert tatsächlich. So wie das einfache Bewusstsein von Nacktheit es schwer für den Menschen machte, sich wirksam vor Gott zu verstecken, so macht die offene Zurschaustellung dieser Nacktheit beim Sex es sehr viel schwerer für einen Mann und eine Frau, irgendetwas voreinander zu verstecken. Sie mögen *denken*, dass sie sich immer noch verstecken und Geheimnisse haben können, aber in Wahrheit können sie das nicht, denn sie sind ein Fleisch geworden, so sicher als wären ihre Nervensysteme zusammen an das gleiche Computernetzwerk angeschlossen worden. Was der eine weiß, das weiß der andere auch mit dem tiefen und geheimen Wissen des Fleisches, und sie brauchen sich nicht vorzumachen, das sei nicht so. Wann immer irgendetwas schief läuft – beide werden es wissen, und beide werden reagieren. Wenn es an irgendein Geheimnis kommt, mag ein Mann wohl imstande sein, vor seiner Frau zu verbergen, *was* es genau ist, aber er kann niemals die Tatsache verleugnen, *dass* da etwas ist. Denn die Auswirkungen werden schon automatisch durch all die Schaltkreise ihres Knochenmarks blitzen. Es ist wahrscheinlich, dass nicht der kleinste Anflug eines Schattens über die Augen eines Mannes geht, der nicht auch die Augen seiner Frau verdunkelt.

Und, um es knallhart zu sagen, das ist es, was immer und unausweichlich auf dem Spiel steht, wenn zwei Leute zusammen ins Bett hüpfen.

Unterordnung

*»Ordnet euch einander unter,
so ehrt ihr Christus.«*
Epheser 5,21

Burg oder Kloster?

Die Ehe ist, wie das Leben selbst, ein Geben und Nehmen zugleich. Was einem in der Ehe gegeben wird, ist ziemlich offensichtlich: die Liebe eines anderen Menschen. Was einem genommen wird, ist vielleicht nicht ganz so leicht zu erkennen: die gesamte Freiheit, als ein unabhängiger Mensch zu denken und zu handeln. Wenn die Leute verstünden, wie radikal eigentlich die Beschneidung der Unabhängigkeit in der Ehe ist, könnte es niemals einen Gedanken an Scheidung geben. Scheidung würde als eine Art Selbstmord angesehen. Aber andererseits, wenn die Leute wirklich die Tiefe der Selbstverneinung verstünden, die die Ehe verlangt, gäbe es vielleicht viel weniger Hochzeiten. Denn die Ehe würde auch als eine Art Selbstmord gesehen. Sie würde nicht als Möglichkeit gesehen, die eigene Bequemlichkeit und Sicherheit im Leben zu steigern, sondern eher als ein Weg, das eigene Leben Christus hinzugeben.

Eine der verbreitetsten Illusionen über die Ehe ist, dass sie dazu gedacht sei, ein Zufluchtsort zu sein, ein beschützter Ort der Vertrautheit mitten in der befremdenden Härte der Welt, ein Ort, an dem die stürmischen Wechselfälle, Herausforderungen und Unsicherheiten des Lebens abgefangen, an dem die Erschütterungen des Lebens gemindert werden. Zu Hause soll ein Ort sein, wo man die Füße hochlegen, sich ausruhen, frei vom ständigen Kampf sein kann, und zum großen Teil trifft das alles ja auch zu. Gott will, dass wir Sicherheit genießen.

Unglücklicherweise haben wir so eine Art, Sicherheit mit Selbstzufriedenheit zu verwechseln. »My home is my castle« (Mein Heim ist meine Burg) sagt das Sprichwort, und praktisch soll das bedeuten, dass es einem Mann gestattet ist, ja dass er sogar ermutigt wird, sich innerhalb dieses trauten Heims, dieser begrenzten Eigengesetzlichkeit der Familie, zu jeder erdenklichen Sorte von Tyrann oder Teufel zu entwickeln. Sind denn schließlich seine Lieben nicht die, die ihn »verstehen« und »annehmen«? Und so wird die Ehe eine Form der institutionalisierten Selbstzufriedenheit, ein Treibhaus der gegenseitig gezüchteten Neurosen. Die Liebe wird sogar so hingebogen, als wäre sie ein Freischein für alle möglichen Spielarten des Egoismus und des Bösen, ein Dispens, der zwei Menschen die spezielle Erlaubnis erteilt, gegeneinander zu sündigen.

Tatsache ist, dass die Ehe, wie andere Gemeinschaften, niemals als Bedürfnisanstalt für faule Menschen gemeint war. Im Gegenteil ist sie ein systematisches Programm bewusster und tief gehender Selbstaufopferung. Ein Zuhause ist nicht so sehr eine Burg als vielmehr ein Kloster, und wenn ein Mann dort wie ein König behandelt wird, dann nur, damit er besser dazu befähigt wird zu dienen. Denn die Ehe ist als Umgebung gemeint, in der man liebevoll und doch unnachgiebig mit den offensten und hässlichsten Beweisen seiner Sündhaftigkeit konfrontiert und so auf täglicher Basis ermutigt wird, zu bereuen und sich zu ändern.

Die Ehe ist wirklich eine drastische Schule des Handelns, die, so wie auch jede mönchische Hingabe, den Gelobenden zu einem Leben ausdrücklicher Selbstverleugnung führt, zu einem disziplinierten Weg der Absage und des Rückzugs aus der Welt. Sie ist ein radikaler Schritt und nichts für den, der nicht vorbereitet oder sogar begierig ist, seinen eigenen Willen aufzugeben und sich ganzen Herzens dem Willen eines anderen unterzuordnen. Denn man kann den eigenen Willen nicht aufgeben, außer man stellt ihn unter einen anderen Willen. Und man kann die Wurzel der Selbstsucht nicht angreifen, ohne das zielbewusste Monster der Selbstvergrößerung zu disziplinieren, zu unterdrücken und auszugraben, das wir den menschlichen Willen nennen.

In der Ehe hat der Herr ein besonders sanftes (aber nicht weniger strenges und wirksames) Mittel entworfen, um Männern und Frauen zu helfen, sich zu demütigen und ihren irregehenden Eigenwillen zu unterwerfen. Auch das vertrauteste Paar wird sich unausweichlich in einem Machtkampf der Willen finden, denn die Ehe ist ein wilder, wagemutiger Versuch, zwei machtvolle Zentren der Selbstbehauptung zu einem fast unmöglichen Grad der Zusammenarbeit zu bewegen. Die Ehe kann nichts anderes sein als ein Konfliktherd, ein Schmelztiegel, in dem diese beiden Willen zerschmolzen, gereinigt und zur Übereinstimmung gebracht werden müssen. Die meisten Leute machen sich nicht klar, dass sie sich dafür anmelden, wenn sie heiraten, aber das ist es, was sie ohne Ausnahme erwartet. Die Ehe stellt sich durch und durch heraus als ein Akt der Ergebung, eines willigen Sich-Fügens in Gott und in eine andere Person, im schwierigen Prozess der Selbstverleugnung und -demütigung. Sie kann nicht erfolgreich sein ohne die grundlegende Annahme der Kampfbedingungen, ohne dass man den Belagerungszustand akzeptiert, in dem man fortan leben muss. Und nicht ohne die ständig wachsende Gewissheit, dass das eigene Ego nicht als Sieger dieses Kampfes dastehen kann und darf. »Denn wer der Kleinste ist unter euch allen«, sagt Jesus, »der ist groß« (Lukas 9,48).

Die Ehe ist im besten Falle eine Art von Wettkampf, den man als die Kunst, immer eine Nasenlänge zurückzuliegen, bezeichnen könnte, ein umgekehrtes Tauziehen zwischen zwei Willen, von denen jeder gleich entschlossen ist, nicht zu gewinnen. Das ist wirklich die einzige Haltung, die in der Ehe funktioniert, denn so hat der Herr sie gemeint. Er hat sie eigens als eine Möglichkeit für Männer und Frauen geplant, die von ganzem Herzen, in völligem Einverständnis und folglich in Friede und Freude den unumgänglichen Weg der Verminderung ihres Ichs einschlagen wollen, der zum Dienst und zur Ehre des Herrn ist. Denn: »Er muss wachsen, ich aber muss abnehmen« (Johannes 3,30), und das ist unser aller Schicksal: Wir müssen alle abnehmen um der Ehre Gottes willen.

Eingeplantes Altern

Aus einer bestimmten Perspektive mag das ganze Leben als eine Kette von Verlusten erscheinen, als eine lange und schmerzhafte Reihe von Subtraktionen. Wir sehen uns ständig aufgefordert, etwas aufzugeben, den Griff, mit dem wir Dinge, Orte und Leute festhalten, die wir geliebt haben, zu lockern. So geht es uns auch mit jeder Sekunde, die durch unsere alternden Finger schlüpft. Unsere Körper selbst sind wie Zelte, sagt Paulus (2. Korinther 5,1), die vorläufigsten Wohnstätten, und unsere gesamte Existenz unter der Sonne trägt die Spuren von Verbannung und Nomadentum. Wenn wir das Glück haben, alt zu werden, heißt das nur, dass wir herausfinden müssen, wie selbst die grundlegendsten Annehmlichkeiten des Lebens uns nach und nach entzogen werden: rechtliche Freiheiten, gute Gesundheit, Freunde, die Bequemlichkeit eines eigenen Zuhauses, körperliche und geistige Fähigkeiten, die Möglichkeit, klar zu denken, uns zu erinnern, ein Buch zu lesen, um den Block zu laufen, unser Essen zu genießen oder auf die Toilette zu gehen. Ein alter Mensch ist eine zerfallene Stadt, ein Katastrophengebiet voller Lecks und Löcher und einstürzender Wände. Am Ende mag ihm nichts bleiben als das liebe Leben selbst, die schwächste Anzeigekurve auf dem Bildschirm eines medizinischen Gerätes, und sogar das kann völlig ohne Aufhebens weggeschnippt werden wie eine Fluse vom Kragen dieser sich überstürzenden jungen Welt.

Man kann diesem Schicksal nicht entrinnen, unser eingeplantes Altern in dieser Welt nicht umgehen. Keine Disziplin wird es aufhalten, kein Glaube es umkehren, kein Handeln und nicht mal die Liebe kann uns freikaufen davon. Tragischerweise droht dieses Gespenst des unaufhaltsamen Verfalls so groß und wirklich, dass es für manche Leute die einzige Seite des Lebens ist, die sie jemals sehen. Wie viele gehen in Bitterkeit, Widerwillen und Zorn auf den Tod zu! Denn das Leben scheint ihnen aufs Äußerste unpersönlich und mechanisch und daher bedeutungslos. Wenn sich überhaupt irgendein persönliches oder bedeutsames Muster abzeichnet, dann ist es ein böswilliges, eines, das eigens entworfen wurde, sie anzugreifen, sie zu schwächen und zu demütigen, nach und nach die Krücken wegzutreten und ihnen am Ende nichts zu lassen, worauf sie stehen könnten. Um einen solch erbärmlichen Kampf nicht völlig überflüssig erscheinen zu lassen, während in Wirklichkeit der gesamte natürliche Fluss des körperlichen Lebens auf das Überflüssigsein hinausläuft, erklären die Menschen einfach, dass sie zeitliche Werte ewigen vorziehen. Was sie wirklich tun, ist das Reich Gottes und sein Geschenk des ewigen Lebens zurückzuweisen.

Die einzige Art, ewige Werte nicht zurückzuweisen, ist, sich willig der Erosion zeitlicher Werte zu unterwerfen. »Nimm den Rat der Jahre freundlich an und gib die Dinge der Jugend mit Würde auf«, wie es in einem alten Kirchentext heißt. Ein Geist würdevoller Unterordnung wird von jedem Menschen im Leben verlangt, und ohne ihn kann es keinen Frieden geben. Denn auf die eine oder andere Art müssen wir alle gedemütigt werden, sogar bis zum Tod. Auf die eine oder andere Art müssen wir alle jeden Tag ein bisschen sterben, und auf diesem Weg werden wir alle unsäglich leiden.

Dem Leid ein Gesicht

Die Ehe ist kein Versteck vor dieser harten Wahrheit. Sie ist keine kleine Bastion der Zärtlichkeit, die die Schläge des Schicksals mildert. Sie ist kein raffiniertes Schutzsystem, das einen anderen Menschen zwischen uns und den Schmerz allen Lebens stellt. Im Gegenteil kann die Person dazwischen die Quelle oder der Kristallisationspunkt von mehr Leid werden, als wir je erwartet hatten, das Gefäß, aus dem unsere Demütigung über uns ausgegossen wird.

Ist es nicht eine bittere und ironische Wahrheit, dass genau der Mensch, den wir am meisten auf der Welt lieben, uns von Zeit zu Zeit als das Einzige erscheinen mag, was zwischen uns und dem Glück steht? Nicht nur vermag die Ehe die Kämpfe des Lebens nicht zu mildern, sondern auf eine bestimmte Art und Weise verstärkt sie sie sogar, macht sie schmerzlicher, weil persönlicher.

Wie der Mensch, der Gott liebt, fast sicher in dieser Welt mehr Leid erfahren wird als der, der ihn nicht liebt, so kann es auch sein, dass ein Mann, der eine Frau liebt, sich allein dadurch tieferen Ebenen des Leids öffnet als ein Mann, der sich überhaupt keiner Liebe hingibt. Denn es liegt nicht in der Natur der Liebe, das Leid fern zu halten, sondern sie saugt es auf, und in immer größeren Mengen. Die Ehe gibt dem Leid ein Gesicht, so wie sie der Freude ein Gesicht gibt, und so macht sie es dem Leid nicht möglich, sich zu vermindern, sondern sie verwandelt es von etwas Unmenschlichem und Gesichtslosem in etwas vollkommen Menschliches, in etwas, das in die Tiefen beziehungsvoller Individualität eingeschrieben ist. Es trifft auf alle Vertrautheit zu, aber besonders auf die Ehe, dass sie die einzigartigen und wundervollen Umstände schafft, in denen das Leid nicht ohne die Liebe sein kann.

Die Wahrheit über die Ehe ist, dass sie keine Möglichkeit darstellt, schmerzhafte Prüfungen und Verluste des Lebens zu umgehen, sondern eher eine Möglichkeit, sich mit ihnen auseinander zu setzen, sich ihnen auszusetzen und sie auf vertrautester und menschlichster Grundlage anzugehen. Die Ehe ist eine Möglichkeit, dem Leiden persönlich zu begegnen, Kopf voraus, mit der eigentümlichen Direktheit, der rücksichtslosen Offenheit, die nur die Liebe auszeichnet.

Sie ist eine Art, das Leben zu leben ohne eine andere Strategie oder Verteidigung oder einen anderen Schutz als die Liebe. Und damit ist sie die allmähliche Entfaltung eines erstaunlichen Prozesses der Heiligung zwischen Menschen. In diesem Prozess wird all der Schmerz, der in zwei einsamen, selbstbezogenen Leben verschlossen ist, nicht länger versteckt oder unterdrückt (worauf es überall sonst im Leben hinausläuft), sondern vielmehr freigelassen, losgelassen, so dass er in den Händen der Liebe als Rohmaterial der Heiligung gebraucht werden kann. Die Ehe ist ein Weg, nicht das Leiden zu umgehen, sondern absichtsvoll zu leiden.

Darum kann die Ehe völlig korrekt als eine heilige Ordnung bezeichnet werden, als eine besondere Kategorie des geistlichen Lebens. Während die Mönche sich zu einem Leben der Keuschheit, der Armut und des Gehorsams verpflichten, geloben die Eheleute Treue, das Teilen des eigenen Lebens und Besitzes und gegenseitige Unterordnung.

Allen anderen entsagen

Wie funktioniert das in der Praxis? Inwiefern ist die Ehe, die scheinbar eine so weltliche Alternative ist, wenn man sie neben der Ehelosigkeit sieht, in Wirklichkeit ein Weg nicht nur der vollkommenen Hingabe, sondern auch der Selbstverleugnung und des Rückzuges aus der Welt?

Gleich von Anfang an sollte klar sein, dass der Schritt, einen Gefährten fürs Leben zu finden, bedeutet, dass man »das Handtuch wirft«, sich absichtlich »zum alten Eisen« zählt, sich »aus dem Verkehr zieht«. Nicht jedem ist das zu dem Zeitpunkt bewusst, in dem er eine Ehe eingeht, aber früher oder später wird es offensichtlich (auf eine von tausend überraschenden Arten), dass man mit der Entscheidung, verheiratet zu sein, auch entschieden hat, kein Single mehr zu sein, und dass man mit der Wahl eines besonderen Partners auch automatisch die Möglichkeit aufgegeben hat, jemand anders zu heiraten. Kurz, der Markt ist mit einem gewaltigen Schlag erschreckend geschrumpft, und es ist im Allgemeinen wohl wahr, dass die Entscheidung, verheiratet zu sein, mehr Türen zuschlägt als irgendeine andere einzelne Entscheidung im Leben. Andere Türen mögen sich öffnen, das ist wahr, aber auf sehr spürbare Weise ist der gesamte zukünftige Lebenslauf eines verheirateten Menschen durch den Charakter, die Aussichten und das Schicksal einer anderen Person begrenzt und durchdrungen, *eines* Menschen unter all den Milliarden auf Erden.

Des Weiteren sollte klar sein, dass jeder, der eine Ehe eingeht, tatsächlich das Recht aufgibt, irgendeine andere Beziehung zu einem Erwachsenen zu pflegen, die ebenso tief gehend oder einnehmend ist. Man wählt seinen Partner wie seinen Gott: Man entsagt allen anderen, bis zum Tod. Es geht um eine echte Absage an die Welt.

Aber das ist nur der Beginn der Entsagung, in die die Ehe uns verwickelt. Das ist nur der erste Schritt. Danach kann das gesamte Eheleben als ein Ausarbeiten all der Auswirkungen und Konsequenzen dieses anfänglichen und drastischen Schritts der Entsagung gesehen werden. Dieser Schritt besteht nicht so sehr darin, dass wir einen anderen Menschen zu uns nehmen, als vielmehr darin, dass wir uns selbst um des anderen willen aufgeben.

Denn in der Ehe geben wir uns nicht für einen guten Zweck oder ein Programm oder eine Überzeugung auf, sondern wir geben uns an eine Person auf und nehmen dabei all die schwierigen und unberechenbaren Risiken auf uns, die diese Übergabe mit sich bringt. Von jetzt an wird der größte Teil all des »Nachgebens« und »Loslassens«, das wir im Leben vollbringen müssen, im Kontext unserer Ehe geschehen – während wir uns nicht nur an den Herrn hingeben, sondern an unseren menschlichen Partner und dazu aufgerufen sind, nicht nur alle Weltlichkeit abzustreifen, an der wir selbst hängen, sondern auch alles, was an dem anderen hängt, jedes fleischliche Begehren, jede Schwäche, jede Sünde. Wenn es schwer ist, unsere eigene Unvollkommenheit einzusehen, dann ist es noch schwerer, sie an einem anderen anzunehmen. Und wenn es irgendetwas Schmerzlicheres gibt, als in den unvermeidlichen Prozess unseres eigenen Niedergangs einzuwilligen, unseres Verfalls bis zum Tode, dann ist es, den gleichen Prozess an dem zu beobachten, den wir lieben.

Wird eine Ehefrau kahl, verliert sie ihre Rundungen, ihr gutes Aussehen? Dann muss ihr Mann seine Anhänglichkeit an diese Dinge aufgeben, auf derselben Ebene, auf der die Frau das tun muss. Anstatt den Verlust ihrer Jugend zu beklagen, müssen beide lernen, sich an dem neuen und dauerhafteren Wesen zu erfreuen, das entsteht, eben gerade aufgrund der Haltung würdevoller Unterordnung, die das Paar im Angesicht der voranschreitenden Jahre entwickeln muss. Denn dieses neue Wesen ist die tiefere Liebe, die sie entdecken, eine Liebe, die in keiner Weise von irgendeinem irdischen Gut abhängt.

Oder nehmen wir an, dass der Ehemann eine ernsthafte Krankheit bekommt und für den Rest seines Lebens ans Bett gefesselt bleibt: Wird die Frau imstande sein, diese äußerliche Veränderung seiner Männlichkeit anzunehmen und ihn doch noch wie einen Mann zu behandeln? Wird sie fähig sein, in ihre neue Rolle als Krankenschwester einzuwilligen und liebevoll seinen Bedürfnissen entgegenkommen, ohne ihn zu bemuttern? Wird sie fähig sein, die Frustration und den Ärger zu ertragen, die sich ihres Mannes in seiner Krankheit bemächtigen werden? Und wird der Mann imstande sein, die Pflege seiner Frau anzunehmen?

Das sind alles Fragen der Unterordnung. Keine Ehe kann gelingen, außer sie ist durchdrungen, gesättigt mit diesem Geist der Einwilligung, des ständigen Nachgebens, würdevoller und williger Fügsamkeit. Wie wir gesehen haben, will solch ein Geist von jedem Menschen eingeübt werden, ob er allein stehend oder verheiratet ist, in jedem Lebensbereich.

Aber die Ehe gibt diesem Kampf eine einzigartige Dimension, weil wir die Unterordnung, die wir zu üben berufen sind, nicht nur gegenüber Krankheit, Alter oder Tod praktizieren sollen. Wir sollen uns weder Eltern, Regierung oder Gesellschaft im Ganzen unterordnen, noch irgendeinem System oder einer Institution, einem natürlichen oder sonst einem Gesetz, sondern vielmehr einem anderen menschlichen Wesen, und im Besonderen einem, das wir selbst erwählt und versprochen haben zu lieben. Es handelt sich um Unterordnung nicht unter irgendetwas Äußerliches oder Übergestülptes, sondern nur unter das, was wir selbst von ganzem Herzen erwählt haben. Es ist Unterordnung nicht unter die Widrigkeiten des Lebens, sondern unter die besonderen Widrigkeiten, die Enttäuschungen, die Ungerechtigkeiten, die bitteren Ungewissheiten, den Ärger und all die spürbaren Grausamkeiten der Welt, wie sie im und durch das Wesen einer anderen Person zum Ausdruck kommen. Alles in der Ehe ist personifiziert – die Freude, aber auch der Schmerz.

Die Ehe ist nicht die scharfe Kante eines Tisches, die gegen dein Schienbein stößt, sondern ein Mensch, der ein scharfes Wort zu dir spricht. Du schüttelst nicht deine Faust gegen einen leeren Himmel, sondern in ein menschliches Gesicht, ins Gesicht deines eigenen Liebsten. Die Ehe ist nicht das Ergrauen oder das Steifwerden der Muskeln; sondern der Mensch, den du liebst, sieht dich an, als wärest du plötzlich alt oder hässlich oder ein Stück überflüssigen Gepäcks.

Persönliche Autorität

Während diese hartnäckige Personifizierung, diese äußerste Ausprägung von Vertrautheit der größte Segen der Ehe ist, ist sie auch deren größter Stressfaktor. Denn es gibt ein grundlegendes Gesetz, das in der menschlichen Natur tief verwurzelt zu sein scheint und das wahrscheinlich in größerem Maße für all die Schwierigkeiten in der Ehe verantwortlich ist als alles andere. Dieses Gesetz heißt ziemlich einfach, dass Menschen sich sehr viel bereitwilliger einer unpersönlichen Autorität beugen als einer persönlichen.

Ein Mann, der einen Rat braucht, wird wahrscheinlich eher der Hilfestellung eines Buches folgen, das er selbst ausgesucht hat, als der, die ein vertrauter Freund ihm im Gespräch anbietet. Und genauso wird ein Mann, der sich sanftmütig mit allen möglichen demütigenden Bedingungen in seiner Firma abfinden wird, ein einziges ungerechtes Wort seines Chefs aufs Bitterste übel nehmen. *Chef* und *Firma* werden als zwei qualitativ unterschiedliche Verkörperungen von Autorität wahrgenommen. Wichtig sind nicht so sehr die Anforderungen, vor die Leute gestellt werden, sondern wichtig ist der Ursprung dieser Anforderungen, und ein persönlicher Ursprung lässt sich einfacher in Frage stellen und angreifen als ein unpersönlicher.

Die Ursache für dieses Phänomen ist nicht so schwer zu ergründen, denn eigentlich stellen sich Leute gern vor, dass sie ihr eigener Boss sind, und eine unpersönliche oder kollektive Autorität gestattet ihnen, sich selbst vorzumachen, dass dies wirklich so ist. Wenn der Vorgesetzte unsichtbar ist, mag der Angestellte daraus schließen, dass in Wirklichkeit er es ist, der das Sagen hat, und die Zusammenarbeit, die daraus entspringt, mag mehr mit Schlafwandeln zu tun haben als mit einer wahrhaft freien Einstellung der Unterordnung. Wenn der Vorgesetzte andererseits sichtbar ist und die Gestalt eines Mitmenschen annimmt, erweckt allein der Gedanke an Gehorsam Verdacht.

Außerhalb wohl abgegrenzter Strukturen gibt es selten Gelegenheiten in der westlichen Kultur, bei denen ein Individuum sich dem Willen eines anderen fügt. So laufen die Dinge einfach nicht ab. Und so bestätigt sich das Prinzip in allen Lebenslagen, demzufolge wir im Allgemeinen unterwürfiger sind, wenn es um gemeinschaftliche und nicht um persönliche Herrschaft geht, um Gruppen und nicht um Individuen. Wir gehorchen lieber Gesetzen als Menschen.

Daher werden wir vor ein Problem gestellt, wenn es um die Ehe geht, denn nirgendwo ist das Thema der Fügung in den Willen eines anderen Menschen mehr von Belang. Kein Nachgeben ist persönlicher oder notwendiger als das in der Ehe nötige. Es gibt keine uns näher betreffende Ausprägung von Autorität in unserem Leben und sicherlich keine, auf die es mehr zutrifft, dass wir selbst die Veranlassung für sie gegeben haben. Doch genau aus diesem Grund gibt es keine andere Macht als die unseres Ehepartners, gegen die wir uns schneller auflehnen. Denn wenn wir diejenigen waren, die sie anfangs eingesetzt haben, dann sollte sie doch sicherlich unter unserer Kontrolle bleiben?

Und doch gehört es zum Wesen der Liebe, die Kontrolle aufzugeben, so wie Jesus es tat, als er sich in die Hände der jüdischen und römischen Autoritäten gab. Christliche Liebe huldigt in Wirklichkeit der einzigen wahren Autorität, die es gibt – der Gottes, des Vaters –, nicht, indem sie allen anderen Autoritäten widersteht, sondern indem sie ihnen nachgibt. Der Christ begibt sich völlig in die Hände des Herrn, indem er sich völlig in die Hände der Welt begibt, denn die Welt »hätte keine Macht, wenn es dir nicht von oben her gegeben wäre« (Johannes 19,11). So lässt die Liebe Gott regieren, und letztlich *gewinnt* die Liebe die Kontrolle, indem sie sie eben gerade *aufgibt*, durch Gehorsam, Unterordnung, Dienst.

Für jeden, der imstande ist, diese Strategie der christlichen Liebe anzunehmen, sind die Sonderaufgaben des Gehorsams und der Entsagung, die ihm im Rahmen der Ehe gestellt werden, keine Drohung, sondern eher ein großartiges Geschenk. Denn während die Forderungen, die die Welt stellt, sich normalerweise verstecken, indem sie sich in Abstraktion, Unpersönlichkeit und Bürokratie gewanden (»Ich kann nichts dafür, ich tue auch nur meine Arbeit!«), sind die Ansprüche der Ehe die eines bestimmten menschlichen Herzens auf ein anderes.

Es ist das Geschenk der Ehe, dass die Unterordnung, die von uns verlangt wird, nicht unter etwas Fremdes oder Abstraktes stattfinden soll, sondern unter einen Menschen; und nicht unter einen entfernten und unbekannten Menschen, sondern unter den, der uns am nächsten steht; und unsere Einwilligung ist nicht die eines blinden Nachlaufens, sondern die der Liebe.

Solcher Gehorsam sollte der einfachste von allen sein, aber stattdessen kann er sich, wie wir gesehen haben, als der schwierigste herausstellen. Die Schwierigkeit ist nicht eine, die in der Natur der Sache liegt, sondern eine, die unsere eigene Sturköpfigkeit produziert, sobald unter dem ständigen Blick der Vertrautheit klar wird, dass von uns nichts weniger verlangt wird als die Aufgabe unseres eigenen Willens für (oder vielmehr: durch) eine andere Person. Manch ein Mann widmet sein ganzes Leben dem Alkohol oder irgendeiner Ideologie oder dem Geld oder dem Ehrgeiz oder dem Glanz des politischen Lebens, ohne auch nur daran zu denken, es seiner Frau zu schenken. Die Schwierigkeit in der Ehe ist, dass es keine Chance gibt, in Wirklichkeit dem eigenen Willen zu leben. Nein, die eigene egoistische Sturheit hat einen entschiedenen Gegner, einen Feind aus Fleisch und Blut mit einem eigenen Willen, der unter demselben Dach lebt und im selben Bett schläft.

Der konkrete Kleinkram in der Liebe

Das Problem, das den meisten Paaren zu schaffen macht, ist, dass die Ehe nicht *abstrakt* genug ist. Ihre Forderungen sind, genau wie die des christlichen Glaubens, zu eindeutig, zu *praktisch.* Denn wenn Christus in das Leben eines Menschen kommt, kommt er auch stets auf die praktische Ebene, und zwar auf die des Alltagsverhaltens. Sein Geschäft sind nicht vor allem religiöse Entrückungen und Ekstasen; er legt eher seinen Finger auf dieses oder jenes Durcheinander unseres Lebens – darauf, wie wir einen Freund beleidigt haben, auf diese kleine Notlüge oder jenes Stück Geschwätz. Und so ist es in der Ehe: Der Druck ist am stärksten in einer Reihe winziger, scharf abgegrenzter praktischer Punkte, Punkte, die gerne die Form von Befehlen annehmen: Drück die Zahnpastatube nicht von oben aus; denk an den Hochzeitstag; vergiss nicht, den Müll runterzubringen; setz die Kreissäge nicht in Gang, wenn deine Frau zu Hause ist, denn sie kann das Geräusch nicht ertragen; und so weiter. Ein ganzes Bündel wirklich *kleiner* Dinge kann eine Ehe zerstören, denn daraus besteht unser Willen: aus kleinlichen, egoistischen Wünschen.

Nur ein anderer Mensch kann uns auf dieser tief persönlichen Ebene unseres eigenen Privatwillens herausfordern und sich uns entgegenstellen, um uns erkennen zu lassen, wie unbedeutend unsere Wünsche sind. Nur eine wirkliche Begegnung mit einem anderen Menschen, die tagaus, tagein stattfindet, kann die Blase des Ichs anstechen.

Forderungen, die genauso konkret und speziell wie die der Ehe sind, können natürlich auch von der Gesellschaft oder von jeder Gruppe mit anderen Interessen und Anliegen gestellt werden. Aber in diesen Fällen können wir uns wenigstens damit trösten, dass das, was von uns verlangt wird, zum Besten der Gruppe als eines Ganzen dient. In der Ehe aber sind wir aufgerufen, Opfer nur einer einzigen Person zuliebe zu bringen, und unsere ständige Frage bleibt: Warum sollte ich? Wieso eigentlich? Ist mein Wohlbefinden nicht genauso wichtig wie das ihre?

Es gibt den Druck der Massenkultur oder der Gruppendynamik oder bloßer Anpassung hier nicht. Wir müssen wirkliche

Opfer bringen, täglich, auf der Ebene des persönlichen Willens. Riesige Fragen werden in der Ehe auf die Spitze getrieben, genau und konkret definiert, so dass unsere persönliche Erwiderung darauf auch genau und konkret werden muss. Die Liebe schleift eine scharfe Kante. Es gibt keinen Schatten, keinen Platz, sich hinter vager Abstraktion zu verbergen. Die Ehe reduziert alle Entscheidungen auf eine, eine einfache Entscheidung, die immer wieder gefällt werden muss, und es gibt keine spezielleren, weiter reichenden, katastrophaleren Konsequenzen als die dieser anfänglichen und fortwährend neuen Entscheidung, einen anderen Menschen einzuladen, sich ständig in unser Leben zu mischen.

Bund und Prägung

Die unausgesetzte, nahe Gegenwart und der Druck dieses anderen Willens in unserem Leben üben eine Macht aus, die sich als allumfassender erweist als jeder andere Einfluss der Welt. Sicherlich reichen ihre Auswirkungen tiefer als jede Kombination gemeinschaftlicher oder unpersönlicher Faktoren, ob sie von einer Firma, einer Regierung oder sogar einer Kultur ausgehen. Denn für die menschliche Psyche gibt es keinen prägenderen Einfluss als den einer einzelnen Persönlichkeit auf eine andere, und im Bund der Ehe kommt dieses Potential für das Aufeinanderprallen von Menschen voll zum Tragen.

Es gibt einfach keine andere Macht der Welt wie die, die ein Mann und seine Frau übereinander haben. Wenn ein Mensch die unauslöschliche Prägung des eigenen Charakters und Geistes auf einem anderen Menschen hinterlassen möchte, dann ist der beste Weg dazu nicht durch Lehre und sicher nicht durch Hypnose oder schwarze Magie oder politische Macht, und nicht mal durch Erziehung, sondern durch die Ehe. Ja, die irdische Ehe gibt uns sogar ein praktisches Bild oder Arbeitsbeispiel dafür, was es heißt, einem persönlichen Gott zu dienen, was es heißt, die tatsächliche, geschichtliche Person Jesus Christus als unseren Herrn anzuerkennen und ihm zu erlauben, sich ständig in unser Leben einzumischen. Denn unser Gott ist kein Gesetzbuch und kein theokratisches System und keine abstrakte Idee namens »Liebe«, sondern eine Person. Wir haben es mit einer Person zu tun, und das ist die Wirklichkeit, die Christus der Welt vorstellen wollte.

Das ist eine überwältigende Realität, mit der wir fertig werden müssen. Vielleicht ist es deshalb auch nicht verwunderlich, dass viele Leute sie um jeden Preis zu umgehen versuchen, so wie sie auch versuchen, den schwierigsten Herausforderungen der Ehe aus dem Weg zu gehen. Diese Art von Religion schreckt sie aus dem gleichen Grunde ab wie die Probleme der Ehe, vor denen sie sich zurückziehen: Sie ist nicht abstrakt genug. Was sie nicht bemerken, ist, dass Gott eben nicht abstrakt ist, nicht im Mindesten. Er ist Geist, aber er ist nicht abstrakt, er ist eher das genaue Gegenteil. Er ist der Herr, der Schöpfer der Wirklichkeit. Und er ist der Sohn, uns genauso nah und genauso mit uns beschäftigt wie eine Ehefrau oder ein Ehemann das ist, nur in unvorstellbar höherem Maße.

Sieg durch Ergebung

Natürlich gibt es einen entscheidenden Unterschied zwischen der Unterordnung, die wir Gott schulden, und der, die wir einem anderen Menschen gegenüber leisten. Denn wir ordnen uns Gott einfach deshalb unter, weil er Gott und vollkommen ist. Aber wenn wir uns einem anderen Menschen unterordnen, dann genau deshalb, weil er nicht vollkommen ist und so verzweifelt des demütigen Dienstes unserer Liebe bedarf. »Seht aber zu, dass diese eure Freiheit für die Schwachen nicht zum Anstoß wird! ... Erregt keinen Anstoß ...« (1. Korinther 8,9; 10,32).

Die Ehe ist der natürliche Ort, um mit dem Beschneiden unserer eigenen Freiheiten zu beginnen und es täglich zu üben, wo immer sie sich als anstößig für den Partner erweisen. Wenn Helga das Geräusch der Kreissäge wirklich nicht ertragen kann, dann ist es nicht an Karl-Heinz, die Vernünftigkeit ihrer Gründe in Frage zu stellen oder spitze Andeutungen über das empfindsamere Geschlecht zu machen oder ihr entgegenzuhalten, dass ihre Küchenmaschine noch viel mehr Krach macht. Er sollte einfach in Liebe davon absehen, die Säge in Gebrauch zu nehmen, wenn Helga in der Nähe ist. Nur darum geht es. Um die einfache, konkrete Frage, wie sehr Karl-Heinz Helga liebt: Liebt er sie genug, um aufzuhören, sie mit seiner Säge zu nerven? Ist die Tatsache, dass der Frieden seiner Frau gestört ist, für ihn von größerer Bedeutung als die Fertigstellung eines Vogelhäuschens?

Was Helga wiederum angeht, muss sie natürlich jede Anstrengung unternehmen, sich an das Geräusch der Säge zu gewöhnen, weil sie weiß, dass ein ziemlich unschuldiges Vergnügen ihres Mannes auf dem Spiel steht. Es geht nicht darum, wer diesen Kampf des Willens und der Launen »gewinnt«; es geht darum, dass jeder versucht, sich so weit wie möglich um des anderen willen unterzuordnen, so dass die Liebe zwischen ihnen auf jede nur mögliche Weise geehrt und genährt wird – sogar um den Preis von Kopfschmerzen und Vogelhäusern!

Wir müssen lernen, dass ein so einfaches, harmloses Hobby wie das Schreinern (oder alles mögliche andere) wirklich zu einem Werkzeug des Teufels werden kann, wenn ihm gestattet wird, die Liebe zwischen zwei Menschen zu behindern. Das ist das Wesentliche an Paulus' Rat an die Korinther, den wir oben zitiert haben, über das Verhalten dem »schwächeren Bruder« gegenüber. Dieser Rat ist eine Regel, die gar nicht zu streng in der Ehe angewandt werden kann, denn ironischerweise glaubt jeder Partner normalerweise, dass der andere der »schwächere Bruder« ist! Aber wenn der andere wirklich schwächer ist, so argumentiert Paulus, dann ist das nur ein umso besserer Grund, nicht stur und herrisch auf unserem eigenen Recht zu beharren, sondern es vielmehr um der Liebe willen aufzugeben. Das eigene Recht wird zum Unrecht, wann immer es zu dominieren versucht, egal, wie richtig es auch sein mag.

So ergeben wir uns Gott, weil er stark und gut ist, aber wir ergeben uns anderen, weil sie schwach und sündhaft sind, und letztlich gibt es nur zwei Parteien, denen wir uns nicht ergeben dürfen, und das sind wir selbst und der Teufel. Aber der einzige Weg, solche Fallgruben zu umgehen, ist, uns stattdessen Gott und anderen zu ergeben. Denn wir müssen uns jemandem ergeben. Dazu sind wir erschaffen worden. Wir sind zur Liebe erschaffen worden. Die Ehe ist, hier wie in manch anderer Hinsicht, ein spezieller Entwurf, der uns befähigen soll, das Verlangen unseres Herzens zu erfüllen, uns ruhig in alles zu fügen, das wir sein und tun sollen.

Viel wurde aus der Tatsache gemacht, dass der Rat des Paulus an die Ehefrauen der ist, sich ihren Männern »unterzuordnen«, während seine Weisung an die Ehemänner lediglich »liebt eure Frauen« lautet (Epheser 5,22+25). Manche Ausleger (und nicht nur Ehemänner!) waren entzückt, die Unterschiedlichkeit dieser beiden Gebote und die Konsequenzen, die sie für die Rollen von Mann und Frau in der Ehe haben, aufzuzeigen. Wie auch immer, der gesamten Passage wird die Weisung vorangestellt: »Ordnet euch einander unter in der Furcht Christi« (Vers 21), und aus dem Zusammenhang wird deutlich, dass Paulus diese Worte zuerst an alle Christen im Allgemeinen richtet und sie dann im Besonderen für das Ehepaar betont. Das bedeutet auch, dass das Ehepaar das Vorbild gegenseitiger Liebe und Unterordnung für die gesamte Gemeinde sein soll. Denn wenn ein Mann nicht liebevoll seiner eigenen Frau dienen kann und eine Frau ihrem Mann, wem können sie denn dann dienen? Wenn sie einander nicht glücklich machen können, wie sollen sie andere glücklich machen? Schlechte christliche Ehen, Ehen, in denen der Eigenwille anstelle des Opfers regiert, blamieren die gesamte Gemeinde.

Es sollte klar sein, dass im Zusammenhang zwischenmenschlicher Beziehungen diese beiden Wörtchen, *lieben* und *unterordnen*, eines nicht ohne das andere möglich sind. Sicherlich ist das die Annahme, die der Botschaft des Paulus zugrunde liegt, und sie stellt sich als eine kurze und bündige Zusammenfassung des Wesens des Evangeliums heraus: Lieben bedeutet sich unterordnen, und sich unterordnen bedeutet lieben. Wie können wir wissen, dass Gott uns liebt? Weil er sich in der Person seines eingeborenen Sohnes »erniedrigte und gehorsam ward bis zum Tode, ja zum Tode am Kreuz« (Philipper 2,8).

Die eigene Identität aufs Spiel setzen

Die Unterordnung als ein Kernstück der Liebe, und besonders der ehelichen oder Bundes-Liebe, neu einzufordern, ist ohne Zweifel die eine anstrengende, gefährliche und wichtige Aufgabe für christliche Paare in der modernen Welt. Es ist eine Aufgabe, die sich einem enormen Gewicht weltlichen Gedankenguts entgegenstellt, um nichts davon zu sagen, dass sie auch manchen unserer sehr mächtigen und natürlichen inneren Antriebe widerspricht.

Denn sie muss mit der Bereitschaft angegangen werden, das ganze egoistische Projekt der Einzelexistenz zugunsten einer Identifikation mit anderen aufzugeben, indem man das alte Selbst loslässt und stattdessen etwas Brandneues und Besseres annimmt, das nur im Feuer der selbstverleugnenden Liebe geschmiedet werden kann.

Was verlangt wird, ist eine Hingabe, die so tief gehend und drastisch ist, dass wir das, was wir selbst als unsere »Identität« wahrnehmen, tatsächlich aus dem Blick verlieren können. Wir müssen darauf vorbereitet sein, ein Niemandsland zu betreten, einen ungewissen Schwebezustand der Selbstwahrnehmung, einen Zustand, der auf jedem anderen Hintergrund als auf dem der Liebe Wahnsinn wäre.

Liebe und Ähnlichkeit

Die Ehe ist zwangsläufig ein Risiko für die eigene Identität. Denn wir begeben uns in die Hände von jemandem, der völlig anders ist als wir selbst, von jemandem, der auf mancherlei Art vielleicht unser Gegenteil ist, der oder die zumindest ein Angehöriger des »anderen« Geschlechts ist. Und dann sollen wir zusammenarbeiten und unser Leben mit dieser anderen Person auf eine Art teilen, als gäbe es da eigentlich gar nichts Gegensätzliches zwischen uns beiden! Oder als sollte es da zumindest nichts geben.

Was auch immer darüber gesagt wird, dass »Gegensätze sich anziehen«, Tatsache ist, dass Leute immer aus der kraftvollen Überzeugung heraus heiraten, dass sie eine Art tiefer (obwohl nicht immer offensichtlicher) Ähnlichkeit miteinander haben. Es könnte kaum anders sein! Wenn ein Mann und eine Frau einander lange genug in die Augen schauen, dann werden sie fast sicher die seltsame Schlussfolgerung ziehen, dass sie in die gleiche Richtung sehen, dass sie auf der gleichen Wellenlinie liegen. Auf der einen Seite haben sie Recht, auf der anderen Seite könnten sie kaum falscher liegen.

Sogar wenn ein Paar von Anfang an ein gesundes Bewusstsein davon hat, wie unähnlich beide sich vielleicht in Wirklichkeit sind, gibt es dennoch eine ruhige Gewissheit, dass die Ehe selbst ihre Unterschiedlichkeiten glätten und sie »zusammenbringen« kann. Und das Seltsame ist, dass diese eigentümliche Hoffnung nicht mal ganz daneben liegt, denn die Ehe wird sehr entschieden und mit großer Triebkraft einen unumkehrbaren Prozess in Gang setzen, im Laufe dessen beide, ob es ihnen gefällt oder nicht, einander immer ähnlicher werden.

Komischerweise ist das so – ob die Ehe gut oder schlecht ist –, so dass, was auch immer die anfängliche Grundlage für Gemeinsamkeit war, die Ehe darauf aufbauen und sie ausbauen wird. Sind vielleicht beide Partner Dienende, der eine beispielsweise, indem er eine große Fürsorge für einzelne Menschen an den Tag legt, die andere durch breites Engagement in der Leitung von wohltätigen Organisationen? Dann werden in der Ehe die beiden nur mehr und mehr zu Dienenden, und doch wird bei jedem besonders das Wachstum in die Richtung der Stärke des anderen gehen: Die organisierte Person wird sich schließlich mehr um Einzelne kümmern, während die andere mehr und mehr die Vorteile gemeinschaftlichen Dienstes zu schätzen lernen wird. Denn unausweichlich, wenn die Ehe hält, werden beide einander immer ähnlicher.

Natürlich kann diese Tendenz sich auch negativ auswirken, so dass schlechte Gewohnheiten des einen Partners unwillkürlich auf den anderen abfärben, und das wird in einer ganzen Reihe von tückischen Fällen geschehen. Eine Ehe kann sich zum Beispiel zu einem unausgesetzt unter der Oberfläche tobenden kalten Krieg entwickeln, in dem jede Person, allein aus Trotz, auf ironische Weise ein vollkommener Spiegel des Benehmens der jeweils anderen wird, egal wie gegensätzlich ihre Charaktere auch zu sein scheinen. Oder es könnte eine *pax romana* geben, in der eine Person so eindeutig und so aggressiv dominiert, dass die andere nur mit einer genauso eindeutigen und genauso feindseligen Unterwürfigkeit reagieren kann. Oder es mag einem Paar gelingen, einen sehr überzeugenden Anschein von Zuneigung und Zusammenwirken zu erwecken, während sie in Wirklichkeit eine Verschwörung der Sünden aufgebaut haben, in der jede sich auf neurotische Weise aus der anderen nährt und sie zugleich füttert.

Wie auch immer die Umstände im Einzelnen sein mögen – diese Arten von Verbindung sind gegenseitiges Parasitentum. Wir Menschen sind aus Lehm gemacht, und unser ganzes

Leben hindurch wird weiter an uns geformt. Wir können es einfach nicht lassen, einander zu formen und von anderen geformt zu werden. Wir sind bloßes Fleisch, Lehm, weiches Wachs, und der Modellierungsvorgang ist unumkehrbar. Die Ehe kann nur eine Art unermüdlichen Programms der gegenseitigen Enteignung von Eigentum darstellen, das am Anfang weder die eine noch die andere Partei auch nur im Traum aufzugeben bereit war. Es mag sogar wahr sein, dass manche alten Ehepaare einander mit der Zeit auch körperlich ähnlich sehen.

Also ist da eine Art »Spiegelwirkung« in der Ehe am Werk, die zum Teil dem anfänglichen Zusammenfallen der Wellenlängen entstammt – was man »sich verlieben« nennt –, die aber zum anderen Teil zunehmend beim anstrengenden Aufbau der Ehe wirksam ist. Das Erstere empfinden wir als angenehm, dem Letzteren stellen wir uns fast immer entgegen. Mit anderen Worten, wir sehnen uns danach, dass der andere (und in Wahrheit die ganze Welt) so wird wie wir, aber wir wollen nicht so werden wie irgendjemand anders.

Alles Sein ist Beziehung

Und daher ist eine der größten Segnungen der Ehe auch eine ihrer größten Fallen, und zwar die unvermeidliche Tendenz jedes Partners, den anderen bloß als eine Seite des eigenen Ich oder gar als eine Art zweites Ich zu sehen. Das ist eine völlig legitime Anschauung, denn die Ehe nimmt zwei getrennte Menschen und vereinigt sie auf geheimnisvolle Weise zu »einem Fleisch«, wie wir bereits gesehen haben. Dieses Bild hängt aber da schief, wo jeder Partner auf heimtückische Weise den Ehrgeiz besitzt: Dieses neue, vereinigte »Fleisch«, das da entsteht, soll möglichst viele seiner Charakterzüge und möglichst wenige des anderen tragen. Denn natürlicherweise verlangt es uns überhaupt nicht danach, an einem neuen Leib teilzuhaben, sondern vielmehr danach, andere Leute in unseren eigenen, schon vorhandenen Leib aufzusaugen, so alt und todgeweiht er auch ist.

Im Geheimen wollen wir keinen Gefährten, sondern ein Duplikat von uns selbst. Denn das Ego ist wie ein großes, aufsaugendes Vakuum, das zwar in sich selbst nichts ist, aber nicht außerhalb von sich selbst Erfüllung sucht, sondern stattdessen eine kraftvolle Anziehung auf alles Erreichbare ausübt.

Das ist es aber, was in der Ehe geschehen soll: Jeder Partner wird aus freien Stücken dem anderen immer ähnlicher, nicht bedroht durch die Tugenden des anderen und nicht in Angst vor seinen Lastern; und dann wird die neue Einheit, die so aus dem Zusammenwachsen ersteht, gemeinsam in der Ähnlichkeit Christi wachsen. Natürlich ist das weit entfernt von der modernen Idee der Ehe, die die Liebe als ein Mittel zur Selbsterfüllung sieht und von der Wichtigkeit redet, »seine eigene Identität zu wahren«, »Unterschiede anzuerkennen«, »die Freiheit zu haben, ich selbst zu sein«, und so weiter. Das hört sich ja alles ganz nett an, aber unglücklicherweise handelt es sich häufig um nichts anderes als um Propaganda für egoistisches Verhalten. Was daraus in der Praxis entspringt, ist nicht eine Wahrung der besonderen Individualität jedes Menschen, wie sie von Gott erschaffen wurde, sondern vielmehr ein Hineinstopfen der Persönlichkeit in den engen Kasten des Ichs, als ob ein Mensch nichts wäre außer dem, was er selbst gern sein möchte, nichts als eine Summe seiner eigenen, selbstsüchtigen Pläne für sich selbst, seiner eigenen, ihm bewussten Wünsche und Begierden. Aber genau dagegen arbeitet die Ehe, indem sie die Selbstsucht in all ihren Verkleidungen angreift und systematisch und unermüdlich das Ego aus der Balance bringt.

Jede Bewegung eines der Partner in Richtung »Individualität« (im modernen, verfälschten Sinn dieses Wortes) wird sich als betrügerisch für die gemeinsame Liebe erweisen. Denn in der Ehe lernen wir, die Individualität nicht als etwas zu betrachten, nach dem man allein streben und das man allein verwirklichen kann, sondern vielmehr als ein Geschenk, das Gott uns macht und denen, die wir lieben, im lebendigen Rahmen einer vertrauensvollen Beziehung. Unsere »Identität« ist nicht nur das, was wir in eine Beziehung mit*bringen*, sondern auch das, was wir aus ihr mit*nehmen*. Sie ist etwas, das wir überhaupt nicht »besitzen«, bis wir es durch das Miteinander mit anderen Menschen entdecken. Das Konzept der »Person« selbst bezieht sich nicht auf irgendeine losgelöste und unabhängige Einheit, die von vornherein gegeben ist, sondern vielmehr auf einen Seinszustand, der aus Gegenseitigkeit entspringt und grundsätzlich auf ihr beruht. Wir sind nicht aus uns selbst, sondern nur in Beziehung zu Gott und zu anderen.

Einer trägt die Last des anderen

Die wirkliche Prüfung unserer Liebe für andere kommt dann, wenn wir so sehr mit ihnen beschäftigt sind, dass wir automatisch in ihre Welt hineingezogen werden, an ihren Schwächen teilhaben und sogar ihre Sünden tragen. »Einer trage des andern Last, so werdet ihr das Gesetz Christi erfüllen« (Galater 6,2).

In der Ehe wird uns ein kurzer Einblick in das gegönnt, was es für unseren Herrn Jesus, den Sohn Gottes, wirklich bedeutet haben muss, unsere Sünden zu tragen. Denn es ist sicher wahr, dass der Geliebte, mit dem wir unser Leben teilen, die gesamte Wucht all unserer Leiden, Beschwerden, Laster und unseres Kummers in einem Maße aushält, dass man fast sagen kann, er machte die gleichen Erfahrungen durch wie wir. Er feiert mit uns und nimmt Anteil an unseren Zeiten der Freude und der Heiterkeit, aber er erfährt auch unsere Schmerzen und Traurigkeiten an seinem eigenen Körper und seiner eigenen Seele, und oft genug wird er für das getadelt (Gott vergebe uns!), was wir eigentlich selbst falsch gemacht haben.

Ja, wir klagen ihn aus unserer eigenen Sünde heraus an, denn da, wo wir schwach sind, sind wir auch am ehesten blind und am meisten versucht, die Schuld von uns auf andere zu schieben. Daher kann mit Fug und Recht gesagt werden, dass unsere Geliebten, obwohl sie nicht notwendigerweise dieselben Sünden begehen wie wir, doch an all den bekümmernden Auswirkungen unserer Sündhaftigkeit teilhaben, allein durch ihre Liebe zu uns. Je mehr sie lieben, desto mehr tragen sie an der Last unserer Sünde. Es liegt in der Natur der Liebe, die Sünden des anderen zu tragen, nicht nur Sympathie oder Empathie zu zeigen oder das Gewicht zu fühlen, sondern wirklich die Schuld mit zu tragen.

Viel ist geschrieben worden über die Notwendigkeit der »Ablösung« innerhalb von Familien und die Vergeblichkeit des Versuchs, all das schwere Gepäck an Schuld mit sich herumzuschleppen, das rechtmäßig auf den Rücken eines anderen gehört. Aber das ist der Standpunkt der Psychologie und der Selbsthilfeprogramme, nicht der der Liebe. Die Liebe erträgt alles – sogar Schuld, Schande, Anklage und Sünde.

Der Mensch, den wir lieben, ist unausweichlich ein Kreuz, genauso wie er ein Helfer beim Tragen unseres eigenen Kreuzes ist. Warum muss das so sein? Einfach weil es unmöglich ist, jemanden zu lieben, ohne die Tragödie seines Lebens ganz aus der Nähe zu sehen, und alles, was wir sehen, wird in uns zu einem Gewicht der Trauer. Jemanden zu lieben bedeutet nicht, ihn für den großartigsten Menschen der Welt zu halten oder ihn als einen Heiligen zu betrachten. Im Gegenteil kann es heißen, ihn so sehen zu lernen, wie wir uns selbst sehen sollten, als den »größten Sünder«. Es bedeutet, all seine Schwächen, seine Falschheit und Schäbigkeit zu sehen, all seine schlimmsten Gewohnheiten kennen zu lernen – und dann fähig zu sein, allein durch die Gnade Gottes, ihn nicht nur anzunehmen, sondern ihn auf eine tiefere Art anzunehmen, als das jemals vorher möglich war.

Mit anderen Worten: Die Liebe tut für zwei Leute das, was der Glaube für einen Menschen tut. Denn der Glaube beginnt immer mit einer ehrlichen Erkenntnis der eigenen Sündhaftigkeit (die Reue genannt wird), die paradoxerweise einer tiefen Selbstannahme durch die Vergebung den Weg öffnet. Auf ähnliche Weise kann Liebe erst dann zu Liebe werden, wenn sie das Schlimmste im Geliebten gesehen und vergeben hat.

In der Ehe kann sich ein Mann nicht erlauben, seiner Frau ihre Unvollkommenheiten vorzuwerfen, aber er kann sie auch nicht einfach übersehen. Vielmehr muss er sie mit ihr als Teil seines Kreuzes tragen, genauso wie sie mit ihm seine trägt. Mit ihr in Liebe zu leben, heißt aus der Nähe zu erleben, wie sie selbst mit ihrem eigenen Menschsein kämpft. Kann solch vertrauliche und kostbare Kenntnis mit Kritik vergolten werden? Nein, sie kann nur mit Zärtlichkeit und Mitleid beantwortet und mit einer tiefen Trauer getragen werden, die ihrerseits Raum für immer mehr Liebe schafft. Auf diese Weise fällt die Liebe nicht nur von den Höhen, sondern sie steigt auch aus den Tiefen auf.

Jemanden zu lieben bedeutet, in den Strudel seiner Menschlichkeit zu geraten, in das trübe, tragische Wirrwarr sündhaften Fleisches weiter und immer weiter nach unten gezogen zu werden, wo nur die reine Liebe hingehen kann, ohne sich zu entweihen. Wenn der Hass oft daraus besteht, dass man sich von bloßen Eindrücken abgestoßen fühlt, von oberflächlichen Charaktermerkmalen anderer Menschen, die uns irgendwie verkehrt kommen, dann besteht die Liebe darin, dass man mitten in den Kern der Zerrissenheit, Sünde und Selbstliebe im Herzen eines anderen Menschen sieht und davon nicht abgestoßen ist: indem man sich an die Gnade hält, durch die wir selbst geliebt sind, und in ihr die Kraft findet, einen anderen an seine dunkelste Stelle zu begleiten. Wenn wir andere Menschen ihrer

Heiligkeit wegen lieben, dann lieben wir sie gar nicht. An Heilige ist die Liebe verschwendet. Sie ist für den Sünder bestimmt. »Weint nicht über mich«, sagt Jesus auf dem Weg nach Golgatha, »weint über euch selbst und über eure Kinder« (Lukas 23,28).

Wenn wir wirklich dahin kommen, das in unseren eigenen Liebesbeziehungen zu verstehen und anzunehmen (und es gibt keine geeignetere Situation, es zu erfahren, als die Ehe), dann wird es einfacher für uns, die theologische Lehre des Sühneopfers zu verstehen. Es wird einfacher zu verstehen, wie der Herr, der uns so viel näher ist als unser menschlicher Geliebter, sogar näher an uns ist als wir selbst, es wirklich durch die leidenschaftliche Liebe Christi auf sich genommen hat, an unserer Stelle nicht nur die Auswirkungen, sondern die volle Schuld all unserer Sünde zu tragen. Nicht, dass die Sünde überhaupt auf irgendeine Art Gottes Schuld ist – aber dennoch hat er all die Verantwortung dafür übernommen. Das ist zwar keine sehr verbreitete Art, Liebe zu zeigen, aber es ist Gottes Art. In Jesus hat er seine zum Äußersten gehende, Sünden tragende, sich aufopfernde Liebe aufs Umfassendste demonstriert.

Der Herr trägt die Sünde aller Menschen, aber das nützt denen wenig, die das Angebot seiner liebenden Güte zurückweisen. Vollkommene Liebe ist auch dann noch vollkommen, wenn sie einseitig ist, aber sie ist am wirksamsten und tut die Arbeit, die sie tun soll, am besten in einer Bundesbeziehung – einer, wie sie der Herr mit seinem Volk hat, einer, wie sie ein Mann mit seiner Frau hat. Hier trifft es am ehesten zu, dass »die Liebe alle Übertretungen zudeckt«.

Vollkommen füreinander

Schließlich können wir vielleicht einsehen, dass christliche Unterordnung ihren wahrhaftigsten Ausdruck nicht darin findet, Befehle entgegenzunehmen, Regeln zu gehorchen oder die Launen der anderen zu dulden, noch gar die Schwächen der anderen geduldig zu tragen. Das sind alles Verhaltensweisen, die die ganze Welt kennt. Für Christen bedeutet die Unterordnung viel mehr: Sie bedeutet eine willentliche und furchtlose Verwicklung in die Sünde eines anderen. Das heißt nicht, dass man sich zum Komplizen der Sünde macht, aber dass man einen Teil ihrer Kosten, ihres Lohns mit abbezahlt. Ein Christ findet die Kraft, einem anderen Menschen zu vergeben, zunächst einmal in der Tatsache, dass ihm selbst vergeben wurde, aber auch in dem Wissen, dass er selbst von der Sünde nahezu erdrückt wird. Kurz, er muss vergeben oder er wird selbst zerstört werden. Wahre Unterordnung ist Demut, die um eines anderen willen erworben wird.

Wenn diese Wahrheit innerhalb einer Ehe wirken darf, geschieht ein Wunder. Im Wesentlichen folgt daraus, dass die Partner nicht länger Grund dazu haben, einander zu fürchten, denn wo jeder willens ist, des anderen Strafe abzubüßen, ist die wahre Wurzel der Angst längst zerfallen. »Die vollkommene Liebe treibt die Furcht aus; denn die Furcht rechnet mit Strafe« (1. Johannes 4,18).

Es versteht sich daher von selbst, dass wir zusammenarbeiten, gehorsam sind, Fehler geduldig ertragen – aber nicht um des geistlichen Muskelspiels eines abstrakten Tugendideals willen, sondern weil wir vor den Fehlern des anderen keine Angst mehr haben müssen, keine Angst mehr, dass sein Stil unseren verfälscht oder uns herunterzieht. Wir haben keine Angst vor seinem Zorn, seinem Stolz oder seiner Sturheit, so wenig, wie wir die Krankheit seines Körpers fürchten sollten. Wir haben wirklich nicht einmal Angst vor seiner Sünde, denn wir sind mit dem schlimmsten Teil davon schon fertig geworden und haben vergeben, so wie uns selbst auch vergeben wurde. Daher können wir den anderen sehen, wie Gott selbst ihn sieht: rein, makellos, vollkommen.

Nicht dass wir dem Trugschluss aufgesessen wären, unser Partner wäre ein vollkommener Mensch oder ein vollkommener Christ oder in einem anderen Sinne aus sich heraus vollkommen. Vielmehr dreht es sich darum, dass wir diesen Menschen als eine vollkommene Ehefrau oder einen vollkommenen Ehemann sehen *wollen,* sogar als *die* vollkommene Ehefrau oder *den* vollkommenen Ehemann, das heißt, den vollkommenen Menschen *für uns*, als den, den wir wirklich brauchen.

Tod

»Sterblicher Mensch, können diese Gebeine
je wieder lebendig werden?
Herr, mein Gott, das weißt du allein!«
aus Hesekiel 37,3

Das Teufelswunder

Das Leben ist ein Alterungsprozess, und das Altern ist das ständige Fortschreiten des Todes in uns. In jedem Augenblick unseres Lebens altern wir. Jeder Augenblick unseres Lebens bedeutet eine tiefere Verstrickung in den Tod. Der Tod und das Leben sind in unseren Körpern eng verknüpft, arbeiten Seite an Seite, Hand in Hand. Und die rechte Hand weiß sehr gut, was die linke Hand tut. Das ist kein Geheimnis und war auch nie eins. Viele Dinge sind dem Verstand der Menschen verborgen, aber es war ihnen immer völlig klar, dass sie sterben müssen.

Der Tag wird kommen, an dem all unsere irdischen Besitztümer uns genommen werden, einschließlich unserer Fähigkeit, uns an ihnen zu erfreuen oder sie auch nur wahrzunehmen, und an dem unser Fleisch von uns gefordert wird. Die Erde wird sich über unserer Haut schließen, die wie ein braunes, welkes Blatt weggeweht wird und verschwindet.

So offensichtlich diese Tatsache ist, so seltsam ist es auch, dass es zu allen Zeiten immer wieder Menschen gab, die ihr keinen Glauben schenkten und sie nicht akzeptierten. Denn sie erfordert, so komisch es klingen mag, ein gewisses Maß an Glauben. Weil der Tod eine Art Wunder ist. Ein Wunder, wenn man so will, das vom Teufel vollbracht wurde. Denn für viele von uns ist das am meisten Ehrfurcht gebietende Ereignis, dem wir jemals beiwohnen werden, wie dem vertrauten Körper eines geliebten Menschen das Leben vor unseren Augen entzogen wird. Es ist fast zu ungeheuerlich, um es zu glauben. Wir können es nicht fassen. Und doch muss es geglaubt werden, es muss begriffen werden.

Denn so abstrakt und unglaublich der Tod als Konzept erscheinen mag, er ist doch unbestreitbar eine sehr konkrete Wirklichkeit. Die Philosophen spekulieren über das Vorhandensein oder Nicht-Vorhandensein von Tischen, aber es gibt keine Diskussion über das Vorhandensein des Todes. Die gesamte Beweiskraft unserer Sinne weist auf ihn hin, auch wenn ein enormes Gewicht einer anderen Art von Beweiskraft (der Art, die nicht vor Gericht oder im Labor zum Vorschein kommt) gegen ihn geradezu schreit.

Der Tod ist eine Art Spannung, die im Leben stetig zunimmt. Der Tod nimmt zu, indem er langsam mehr Raum in unserem Bewusstsein fordert, ähnlich der Aufklärung eines Mordfalles, in dem wir uns selbst als das Opfer herausstellen. Die Spannung des Todes steigt in unseren Zellen, bis sie irgendwie in uns explodiert und jedes unserer kostbaren Atome dahin zurückspeit, wo sie herkamen – wo auch immer das war.

Der schwarze Samtvorhang

Für uns alle, die wir das Erwachsenenalter erleben, kommt der Zeitpunkt, an dem wir feststellen müssen, dass wir nicht nur die Welt nicht mehr im Griff haben, sondern dass die Welt, wie wir sie kennen, sehr wahrscheinlich nicht einmal auf unserer Seite ist. Kann sein, dass uns die Welt wirklich zum Feind wird, der all unseren tiefsten Antrieben und Vorsätzen von Grund auf entgegensteht: in Sicherheit zu sein, erfolgreich zu sein, ewig zu leben, geliebt zu werden. Wenn unser erstes bewusstes Weltbild das eines Spielplatzes war – eines Ortes, an dem alles für uns eingerichtet war und an dem unsere einzige Aufgabe darin bestand, den ganzen Tag lang zu spielen – dann ist es vielleicht nicht zu schwierig, unsere Enttäuschung zu verstehen, wenn wir aufwachsen und merken, dass das in mancher Hinsicht nur eine sorgfältig aufgebaute Illusion war und dass die Welt vielleicht überhaupt kein Spielplatz ist, sondern ein Ort, an dem wir im Schweiße unseres Angesichts leben und wo wir früher oder später sterben werden. Es gibt kein Entkommen.

Das ist wahrscheinlich der Punkt, an dem der Tod uns zur bewussten Wirklichkeit wird. Denn wirkliche Gefühle verbinden sich auf einmal mit ihm: Angst, Ekel und bitterste Auflehnung; und der Tod ist nicht mehr das überraschend tragische Ende einer sonst glücklichen Geschichte, sondern etwas, mit dem wir jeden Tag fertig werden müssen, etwas, das mehr und mehr Platz in unserem Herzen fordert, je älter wir werden und je mehr wir unwillkürlich in seinen unheimlichen Bannkreis geraten.

Als Kinder standen wir schüchtern in einer Gruppe auf dem Spielplatz und hofften, bald in eine der beiden Spielmannschaften gewählt zu werden. Nun mag es so scheinen, als gäbe es nur ein Team, und wir hoffen sehr, dass wir der Nominierung dafür irgendwie entgehen. Wenigstens wollen wir nicht heute ausgesucht werden. Egal wann, nur heute nicht.

Und so sterben wir nicht plötzlich, sondern jeden Tag ein bisschen. Der Tod zehrt an unserem Leben, manchmal geradezu wörtlich, aber oft ist er auch damit zufrieden, beiläufig eine Stütze nach der anderen unter uns wegzuziehen, bis wir uns eines Tages mit einem Seil um den Hals wieder finden und nichts unter den Füßen haben als einen gähnenden Abgrund.

Das ist der Hintergrund, auf dem sich Millionen von Leben, die Leben der Menschen ohne Gott, abspielen: nicht der Hintergrund einer schönen Landschaft oder überhaupt von irgendetwas, sondern der eines schwarzen, leeren Raumes. Leben wie Feuerbahnen, die kurz mit einem glühenden Stab ins Dunkel skizziert werden. Das ist der Boden, auf dem wir alle herumgelaufen sind, das ist der einfache Hintergrund, der all unsere

Kompliziertheit ermöglicht hat. Das ist der schwarze Samtvorhang, vor dem die Menschen jedes Drama nicht nur ihres eigenen Lebens, sondern auch ihrer Liebe spielen.

Die Liebe wird allgemein für den hellsten Kometen an diesem dunklen Himmel gehalten, für das Feuer tief im Herzen des Lebens, ein Feuer, das fast heller ist als das Leben selbst. Sogar Atheisten können an die Liebe glauben, und es ist wahrscheinlich kein Zufall, dass der Zeitpunkt, an dem die Wirklichkeit des Todes uns klar wird, mit dem zusammenfällt, an dem wir zu reifer Liebe fähig werden. Es ist fast, als wäre die Liebe eine Art Antwort auf den Tod, ja ein Pakt gegen ihn.

Das war immer schon eine bekannte Tatsache: dass die Liebe, wie eine exzellente Feinschmeckersauce, den Geschmack des Todes hervorhebt. Es gibt andere Dinge, die den Tod ins Rampenlicht stellen, aber keines, das ihm solche Schärfe verleiht. Das ist grauenhaft wahr im Falle romantischer Liebe, aber es ist sehr, sehr viel wahrer im Falle ehelicher Liebe. Auf eine gewisse Art sind Ehe und Tod selbst ein Liebespaar.

Ineinander begraben

Etwas daran, seinen Mund auf einen anderen menschlichen Mund zu legen, die Hände zu halten, sich zu umarmen, Liebesversprechen auszutauschen und Tag für Tag in der Gegenwart eines anderen Menschen zu leben, etwas daran ist gleichzeitig eine Verweigerung und eine Bestätigung des Todes. Es ist etwas radikal Aufständisches daran, aber auch etwas Besänftigendes. Es gibt da das Gefühl, dass ihr beide allein zusammen auf einem windumtosten fremden Planeten seid und euch Wärme suchend aneinander schmiegt. Aber es gibt auch das Gefühl, dass ihr ein unbesiegbares Bündnis seid, die tapfere Verkörperung von etwas, das letztlich stärker ist als alles, was der Feind euch entgegenschleudern könnte.

Ein Mann weiß das am Vorabend seiner Hochzeit alles sehr gut. Er weiß, dass etwas an seiner Männlichkeit auf eine bittere und schmachvolle Niederlage zugeht. Trotzdem ist er fröhlich und auf herausfordernde Weise zuversichtlich. Ihm zittern die Knie und er ist von Zweifeln zernagt, aber er ist dennoch voller Jubel und Gewissheit. Er schreitet aus wie ein Mann, der aufs Schafott steigt, aber irgendwie ist er der glücklichste Mensch auf Erden. Der Tod spielt keine Rolle, wenn du verliebt bist – und doch kam es nie mehr auf ihn an.

Eine Hochzeit kann man sich als das Gegenstück zu einem Begräbnis vorstellen: anstatt dass ein Mensch in der Erde bestattet wird, werden zwei Menschen ineinander begraben. In jedem Fall wird der Tod diese Ehe anhaltend verfolgen, obwohl (oder gerade weil) die Liebe eine Verschwörung gegen ihn bildet. Und das ist seltsamerweise wahr, ob die Ehe nun so gut ist, dass jede Trennung undenkbar wäre, oder ob sie im Gegenteil so zerrüttet ist, dass jeder Partner insgeheim auf den Tod des anderen hofft.

Wie auch immer die Situation sein mag, der Tod lauert vor der Ehe wie ein riesiges Gesicht, das nachts in einem Fenster erscheint, und auf eine sehr urtümliche Art kann die Ehe als ein Zauber gegen diese Erscheinung verstanden werden. Das ist nirgendwo offensichtlicher als in dem natürlichsten und doch überwältigendsten Wunsch, der in allen Ehen gegenwärtig ist – dem, Kinder zu zeugen. Denn für viele Leute ist ein Kind, das mit Bedacht erzogen und beschützt wird, das einzige zufrieden stellende Mittel, das wir Menschen haben, um dem Tod ins Gesicht zu schlagen und damit vielleicht noch davonzukommen.

Und doch: Die Bedrohung, das Risiko, die Möglichkeit einer Tragödie, sie alle verdreifachen sich, wenn man sie unter drei Menschen teilt. Der Tod wird zu einem gefürchteteren Feind in einer Familie als für einen einzelnen Menschen, denn ein Einzelner stirbt einmal, aber eine Familie kann viele Male vom Tod besucht werden. Und was ist erschütternder oder unverständlicher als der Tod eines Kindes? Eine Familie weiß all dies intuitiv, und darum gibt es kein Individuum, keine Einheit, keine andere Organisation auf Erden, die mehr auf den Schutz menschlichen Lebens bedacht ist als die Familie.

Alles in allem ist es unmöglich zu sagen, ob der tatsächliche Effekt von Kindern oder Ehe oder der Liebe selbst es ist, den Tod in Schach zu halten, außerhalb des verzauberten, leuchtenden Kreises des gemeinsamen Lebens, oder ob die Familie nicht vielmehr den Tod gewaltig näher bringt. Es ist wahr, dass allein die Existenz des Todes der Liebe eine Dringlichkeit, eine Schmerzlichkeit und auch eine Klarheit verleiht, die anders vielleicht nicht da wären. Aber sicherlich stimmt auch das Gegenteil: dass das Leben ohne Liebe den Tod weniger hassenswert erscheinen ließe. Die Fähigkeit zu lieben kann großenteils als eine gottgegebene Weisheit oder Klarsicht verstanden werden, die einen Menschen befähigt, den Schrecken des Todes deutlicher zu empfinden und seinen Stachel schmerzlicher zu fühlen.

Denn den Tod verachten heißt seinen Stachel, die Sünde, verachten. Und die Sünde ist wiederum die Trennung von Gott. Daher hassen Leute, die den Tod hassen und verabscheuen (und das trifft sogar auf Menschen zu, die Gott nicht kennen), in Wirklichkeit – wenn sie es nur wüssten! – im Innersten den Gedanken an eine Trennung von Gott.

Auferstehung

Man kann in einer Ehe wirklich nichts gegen diesen schauerlichen, unwillkommenen Besucher in Schwarz tun, gegen diese erhöhte Empfindlichkeit dem Tod gegenüber. Man kann ihm aber erlauben hereinzukommen, ihn sogar bewusst einbeziehen und einschließen in die weltlichsten Angelegenheiten des täglichen Lebens, und dann Gebrauch von seiner Gegenwart machen als einer Gelegenheit, die Gedanken zu Gott zu erheben. *Memento mori* (»Gedenke des Todes«) muss in *memento Dei* (»Gedenke Gottes«) übersetzt werden. Tatsächlich stellt sich die Ehe als ein sehr brauchbarer und förderlicher Schauplatz für die geistliche Betrachtung des Todes heraus, da sie in die Betrachtung der Ewigkeit und des Herrn selbst führt.

Wenn die bloße Existenz des Todes die Wirkung zu haben scheint, die Liebe zu bereichern, warum sollte man ihn dann nicht auch dazu benutzen? Ist nicht unsere Liebe zu einem teuren Menschen am tiefsten und eindrücklichsten genau in dem Moment seines Todes? Gibt es irgendetwas, das den reinen Wert eines anderen Menschen in unseren Augen so steigert, wie ihn auf der Schwelle des Todes zu sehen und zu wissen, dass er innerhalb einer sehr kurzen Spanne vom Angesicht der Erde gegangen sein wird? Warum also nicht danach streben, jeden Tag zu leben, nicht nur als wäre er unser letzter, oder sogar der letzte für die ganze Welt, sondern der letzte für den einen besonderen Menschen, den wir lieben? Denn er könnte es tatsächlich sein. Dann könnte die Gegenwart des Todes – weit entfernt davon, eine schwarze Wolke zu sein, die über unserer Liebe hängt und ständig mit einem Wolkenbruch droht – in einen Frühling verwandelt werden, der unsere Gedanken mit der Kostbarkeit des Lebens und des Augenblicks bewässert und mit der Hingabe an unsere Hoffnung auf die Ewigkeit durch die Auferstehung unseres Herrn Jesus Christus.

Wenn ich den Kopf meiner Frau in meinem Schoß halte und meine Hände über die warme, straffe, zarte, bewundernswerte Haut ihres Gesichts und durch das fedrige, kornseidene Wunder ihres Haars gleiten lasse, denke ich deshalb manchmal auch an den Schädel darunter.

Natürlich denke ich auch daran, wie ihr Blut durch das verzweigte Netzwerk der Adern fließt, an das unglaubliche Gewebe aus Muskeln und Nervenfasern, an die weichen, verschlungenen Windungen ihres Gehirns und die phantastischen, blitzenden Schalttafeln, die da drinnen sein müssen, die Feuerungen quer über die Synapsen und all das innere Arbeiten jeder ihrer vor Leben strotzenden Zellen. Ich frage mich, wie um alles in der Welt die unendliche Feinheit des Gesichtsausdrucks meiner Frau aus diesen Millionen kleiner Fleisch- und Blutfabriken herausquellen kann wie Wasser aus einem Felsen. Ich liebe es einfach, all diese ganze atemberaubende Kunst aus Physik und Biophysik und Metaphysik und Quantenmechanik und außerirdischer Chemie und göttlicher Gnade, die in ihre Erschaffung geflossen ist, in mich aufzunehmen.

Aber: Ich denke auch gerne an ihren Schädel. Ich besinne mich gern auf sein weißes, feines Porzellan und sein seltsames, hohles Starren, wenn er großäugig und mit hängenden Kinnladen in die Enden der Zeit starrt. Ich finde das aufregend – manchmal genauso aufregend wie die Rundung und den Druck ihrer Brüste.

Ich denke nicht, dass daran etwas auch nur im Geringsten makaber ist. Der Schädel ist schließlich da: Liegt irgendeine besondere Tugend darin, so zu tun, als gäbe es ihn nicht? Die Tatsache allein, dass er überhaupt da ist und dass menschliche Knochen so spöttisch ihre Eigentümer überdauern, ein so tiefgründiges und doch so peinlich sauber und verschwörerisch *geplantes* Rätsel, dass es sicher absichtlich so eingerichtet wurde, damit wir uns besinnen: um uns herauszulocken aus dem Grübeln – und ins Gebet. Dass die harten, weißen, starrenden Knochen mit lebendigem Fleisch bedeckt sind, mit schönem, blühendem Fleisch, das mit der Zeit dazu verdammt ist, zu welken und abzufallen wie eine Hülse von einem Kern – genau darin liegt der Grund, in den der Same des Glaubens fallen muss.

Tausend Fragen stoßen sich an dieser niedrigen Decke ihre Köpfe: Warum solch atemberaubende Schönheit? Und warum so kurzfristig? Warum dann überhaupt etwas, anstatt nichts? Warum leben, nur um zu sterben? Es ist nicht die Rettung unserer Seelen, um die wir Sterbliche uns vor allem sorgen, sondern die Rettung unserer armen, lieben Körper. Es ist unsere kostbare Haut, von der wir uns nicht vorstellen können getrennt zu sein.

Dennoch, während ich mit meinen Fingern die Ränder der Augenhöhlen meiner Frau erkunde, fasziniert mich die Tatsache, dass es da überhaupt etwas gibt, überhaupt irgendetwas in diesen Löchern, ganz zu schweigen von den schönen, glänzenden, ganz eigenen braunen Augen meiner Frau. Sie bedeuten mir so viel mehr, einfach weil sie nicht da sein müssten. Sie sind gar keine solchen Wunder, bis ich sie betrachte, wie sie wirklich sind: unglaublicherweise in den dunklen Grotten des Schädels schwebend, aufgehängt wie die Erde selbst im gähnenden Raum.

Ich brauche diesen Schädel; ich brauche sein furchtbares und unerträglich erotisches Fragezeichen: Das Leben ist gegenwärtiger, runder, wärmer und sinnlicher, weil es so liebevoll auf dieses schwarze Samtkissen gelegt wurde, weil es hingesetzt wurde an den Rand eines Abgrunds.

Hesekiel wusste das, und deshalb prophezeite er das Geheimnis von Gottes Erlöserliebe aus einem Tal voller verdorrter Knochen. Er sah eine Vision, die er später so beschrieb: Der Herr hob ihn auf und setzte ihn nieder inmitten des Abfallhaufens vom Gelage des Todes, im Knochenhof des Menschengeschlechts, und führte ihn »überall hindurch. Und siehe, es lagen sehr viele Gebeine über das Feld hin, und siehe, sie waren ganz verdorrt« (Hesekiel 37,2). Gott zwang den Propheten, dem Tod geradewegs in sein leeres, knochenumrandetes Auge zu sehen und lang und gründlich zu überlegen, woraus ein Mensch noch besteht, wenn er seines Atems und seiner warmen, pulsierenden Fleischhülle beraubt ist.

Als Hamlet, der erste Existentialist der westlichen Literatur, auf einem dänischen Friedhof den Schädel Yoricks betrachtete, wurde ihm klar, dass das endliche Schicksal für eines Menschen

Leben darin bestehen kann, zu einem Lehmpfropfen gemacht zu werden, der zum Stopfen eines Spundloches gerade gut genug ist. Aber was Hesekiel sieht, in dieser Trockenheit und Taubheit gebleichter Knochen, ist das Wunder von Gottes gnädiger Liebe: dass er überhaupt jemals Leben in sie geblasen hat, und sein unglaubliches Versprechen, seine Getreuen sogar aus ihren Gräbern zu rufen. Denn was der Herr einmal getan hat, kann er das nicht noch einmal tun?

»Du Menschenkind, meinst du wohl, dass diese Gebeine wieder lebendig werden?«, fragte Gott Hesekiel. – »Herr, mein Gott, du weißt es.«

Das lässt uns begreifen, dass die beste eheliche Liebe von Anfang bis Ende etwas von der Atmosphäre eines siegesgewissen christlichen Begräbnisses annehmen muss. Durch die Herzen derer, die wirklich lieben, zieht immer eine Kapelle ironischer, klagend jubilierender Musikanten. Denn gerade die Liebenden sind, mehr noch als alle anderen, zu einer täglichen Klage umeinander gerufen, zu einer täglichen Salbung und Vorbereitung auf den Tod. Maria zeigte ihre Liebe zu Jesus, indem sie kostbares Öl auf seinen lebendigen Leib goss und so auf skandalöse Weise seinen gesunden Körper auf ein Begräbnis vorbereitete (Johannes 12,3). Aber wie viele sind ohne eine solche Ehrung gestorben und haben riesige, klaffende Wunden unerträglicher Reue in den Herzen derer hinterlassen, die behaupteten, sie zu lieben: Reue, sie im Leben nicht so geliebt zu haben wie im Tod – und das jetzt schmerzhaft erkennen zu müssen?

Wir müssen lernen, unsere Lieben zu betrauern, während sie noch leben, und nicht warten, bis sie tot sind und unser Leid niemandem außer uns selbst noch nützt.

Epilog

Wenn ich morgens die Augen öffne, sehe ich als Erstes, wie der Morgen einen rosa Schimmer auf die Stämme der drei Birken direkt vor unserem Fenster wirft. Zwischen zweien der Stämme sinkt ein nicht mehr ganz voller Mond. Er ist genauso fahl und kreidigrosa wie die papierne Rinde der Birken. Sowohl die Bäume als auch der Mond sehen durchsichtig aus, als wären sie von hinten angestrahlt.

Der ganze Morgen wirkt durchsichtig. Die Luft ist voller Licht. Sogar der Berg, das undurchdringlichste von Gottes Werken, schimmert wie von einem inneren Licht. Er füllt das Südfenster, und seine weichen Braun-, Grau- und Grüntöne vermischen sich und leuchten wie Farben auf dem Wasser. Licht strömt langsam aus seinen Felsen und Gehölzen, als wäre es über Nacht dort aufbewahrt worden. Nahe dem Gipfel liegt ein kleiner Flecken Schnee vom letzten Jahr, wie ein Auge, das unter der Braue schattiert aussieht. Diesem Flecken entspringt ein winziger, silberner Wasserfall, der am Berggrat entlangfließt, als ob dieser große Steinhaufen ein Loch hätte, aus dem silbernes Blut fließt. Auch dieses Wasser ist durchsichtig, ein Fenster in Bewegung, flüssiges Licht.

Der Berg, der Wasserfall, der Mond, rosahäutige Birken – das sind alles staunenswerte Wirklichkeiten. In sich selbst sind sie außergewöhnliche Erscheinungen, und sie sind noch außergewöhnlicher dadurch, dass sie wie Buntglasfenster wirken, die über sich selbst hinaus auf die viel größere Wirklichkeit deuten, die hinter ihnen liegt, auf das eine wahre Licht, in das sie alle getaucht sind, in dessen Licht wir das Licht erst sehen.

Können wir die Welt als Fenster (wenn auch als »dunkles Bild«) sehen, durch das das Antlitz unseres Herrn uns ansieht?

Diesen Anblick genieße ich jeden Morgen beim Aufwachen, hier, wo ich lebe, begleitet von einem schäumenden, silberblauen, dahinschießenden Gebirgsfluss, dessen Geräusch meine Ohren füllt wie das Morgenlicht meine Augen. Und das ist immer noch nicht alles. Da ist noch etwas anderes. Und das ist noch atemberaubender als all diese anderen herrlichen Dinge und verströmt noch mehr Licht.

Da liegt eine Frau neben mir im Bett. Genau in diesem Moment könnte ich meine Hand ausstrecken und sie berühren, so einfach, wie ich mich selbst berühren kann, und wenn ich darüber nachdenke, ist das wunderbarer als jeder Berg oder Mond. Noch wunderbarer, denke ich, als wäre diese Frau stattdessen ein Engel (was sie, wenn man es genau nimmt, sehr gut sein könnte). Es gibt nur zwei Gründe, die verhindern, dass mir dieses Wunder das Herz sprengt, weil es mir einfach zu groß ist: Einer ist, dass ich schon Hunderte von Malen genauso, mit der gleichen Frau neben mir, aufgewacht bin; der andere ist, dass Millionen anderer Männer und Frauen genauso nebeneinander aufwachen, jeden Tag, auf der ganzen Welt, und das passiert schon seit Tausenden von Jahren.

So einfach kann man Wunder entzaubern und in den gewöhnlichen Alltagsstoff zurückverwandeln. So einfach streuen Statistiken ihren tristen Staub über alle wundersame Schönheit des Lebens und machen das Himmlische zum Gemeinplatz, das Unmögliche zum Unausweichlichen. Und doch, wenn das Wunder, dass sich ein Mann und eine Frau lieben, seines Glanzes beraubt, mit Staub bedeckt und unter Gewöhnlichkeit vergraben werden kann – was für eine Hoffnung haben wir Männer und Frauen dann, jemals die Eintönigkeit des Himmels zu überleben, wo die Liebe so gewöhnlich wie die Luft sein wird? Wie werden wir mit einem Leben nach dem Tod fertig werden, in dem es keine Wunder gibt, um uns aus unserer Langeweile zu reißen, weil nichts ohne Wunder vonstatten geht? Hier und jetzt sind Zeit und Ort, das Staunen zu üben und wie vom Blitz gerührt dazustehen. Entweder wir ersticken unter allem, was in unserem Leben unschön, gewöhnlich, unspektakulär, unpassend ist, oder wir lernen hier und jetzt, die Luft der Gnade zu atmen. In der Ehe, um diesen Gedanken in vertrautere Worte zu fassen, lernen wir einander schätzen, einander als kostbar zu sehen. Wir lernen zu lieben.

Und so, den Himmel schon einübend und mit einer Erwartung von Gnade, schaue ich im erwachenden Licht dieses taufrischen Tages auf die Frau, die neben mir liegt und leicht atmet wie ein Organ meines eigenen Körpers. Sie ist schöner für mich als das Licht selbst, gegenwärtiger als dieser hoch ragende Berg, ihre Gestalt unter dem Laken ist wirklicher als jeder Horizont, und sie ist mir näher als die Luft, die ich atme. Sie ist »Knochen von meinem Knochen, und Fleisch von meinem Fleisch«. Es gibt andere Menschen in meinem Leben, aber niemanden wie sie. Mehr als irgendjemand anders auf Erden, ja mehr als ich selbst ist sie das Gefäß, in das ich ausgegossen werden muss und soll. Sie wird all das Beste, die Sahne meiner Liebe bekommen.

In ihrem erbarmungswürdigen, strahlenden Fleisch reicht sie so nah wie nur irgend möglich an das heran, was Christus mir im Geiste ist.